これからの病院経営を担う人材

医療経営士テキスト

第2版

医療法務／
医療の安全管理

訴訟になる前に知っておくべきこと

中 級【一般講座】

須田 清

10

日本医療企画

はじめに

医療法務の意義

　医療法務とは何か、についての明確な定義はない。なぜなら医療法務法という特別の法律が制定されているわけではないから、医療法務の概念を法律的に意義付けることはできないのである。したがって一般的な意味で理解するほかない。

　医療にかかわる法令(医事法)に精通し、医療実務を適切かつ迅速に処理するための方法論を立案し、これを実践する役割の総称およびこれを担当する職責を担う人といえばいいのだろうか。筆者は、将来はこういった人を「医療法務士」として法制度のなかに取り込むべきであると考えるが、その人材育成のためにも本テキストがその一助となれば幸いである。

　ところで、医療法務の分野における最大の関心事は、いうまでもなく医療安全そして医療の安全管理(以下「医療の安全管理」という)である。医療安全法という名称の法律は現時点では存在しないが、医療安全にかかわる法令は少なくない。

　そこで、本テキストでは、まず医療の安全管理について、臨床の現場において医療の運営と経営に責任を持つ責任者(事務長)として知っておくべき必要最小限度の知識と技術を法的な視点から述べることにする。

医療安全

　医療の安全管理がとりわけ強く主張されているのは、医療行為が危険を伴うものであることによる。

　医療行為が医的侵襲行為といわれるように、医療行為そのものが生体に対する何らかの侵襲を必然的に伴うのである。

　疾病治癒のために投与されるどのような薬剤にも、その大小はともあれ相当の副作用があることは良く知られた事実であり、時にはアナフィラキシーショックを惹起して命にかかわることにもなる。また、造影剤検査も少なからぬ侵襲となる。何よりも手術そのものは、麻酔を実施して生体の奥深くにメスを入れて切開するのであるから、その危険性については論を待たない。

　だからこそ、医療の安全管理が強く意識され、そのための具体策を立案・実施しなければならないのである。そもそも、医療が安全であれば誰も安全管理をいう必要はない。

　患者やその家族の立場で考えれば、疾病治癒のために入院し治療を受けたのに、その疾

病によって不利益を受けた場合ならともかく、治るはずの治療によって思わぬ不利益を受けたのであれば、納得のいかないことになる。

医療安全の二本の柱

第一の柱は、医療の安全管理をどのようにして実践するのかという方策（方法）論である。

具体的な方策を立案し、実践しなければならない。そのためには、医療安全の理念を明確に認識することである。問題はその理念に基づく方法論の立案と実践にある。

第二の柱は、発生した医療事故にどのように対応するべきなのかという方策（方法）論と実践論にある。

どんなに完全と思われる安全管理の方策を立て、これを実践したとしても、いうまでもなく医療は人間の行う行為である。どんなに優秀な機械であっても、それを操作するのは人間であり、画像の診断、各種検査数値を認識し、これを医学的に鑑識・評価するのも人間である。

人間が行うものである以上、誤りがないとはいえない。「人は誰でも間違える」のであって、「自分は誤りを犯す人間なのだ」という自覚を常に忘れてはならない。

そこで、事故が起きることをあらかじめ考えた上で、発生した事故の類型ごとに、適切な対応をいかにすれば良いのかを立案しておく必要がある。

「備えあれば憂いなし」とは普遍的な名言である。医療関係者が1人としてパニックに陥ることなく緊急事態に対応し、以後の対応を適切に行い、事故が紛争や事件に拡大することを防止しなければならない。

しかし、これについての万全なマニュアルというものはなく、患者本人やその家族、警察、裁判所、マスコミ等にどのように対応すべきかも、現実的には医療関係者が行うほかない。根本的には誠実な対応と信義に従った倫理的態度が求められることになる。

以上の事柄について、本文で順次述べていくことにする。なお、訴訟の基本的なルールについても最後に述べるが、訴訟手続そのものは専門家が行うことになるので医療関係者として知っておくべき基礎的な知識の限度で述べることにする。

須田　清

目　次
contents

目　次
contents

第1章

総　論──問題提起に代えて

1 医療の安全管理とリスクマネジメント
2 医師と患者の関係
3 医療安全と医事法制

1 医療の安全管理とリスクマネジメント

　医療の実務・臨床において、医療安全とリスクマネジメントが同じ意味合いに用いられていることは周知のところである。

　しかし、両者は必ずしも同じ理念であるとはいえない。

1 「リスクマネジメント」の理念

　リスクマネジメントの理念は、アメリカにおいて、病院経営の維持が目的とされていたことに由来する。医療過誤の被告となり高額賠償判決を受けるリスクを回避しなければならない、という現実的課題から生じたものといわれている。

　その背景には、アメリカにおいて医療過誤訴訟の増加と著しい高額賠償判決が相次いだことがある[※]。

　訴訟の増加と高額な賠償金は医療側の損害保険金の掛金を増額させ、臨床医ないしは病院経営を圧迫して、ついには医療から離脱(閉院)しなければならない状況を生んだ。保険会社もハイリスクの医師賠償保険を敬遠するという状況になり、アメリカを医療崩壊の危機に陥れた。

　アメリカは、病院の維持・存続を図る上で最大のリスクとなった医療過誤訴訟問題を回避し解決する必要に迫られたため、医療の安全を実現しなければならないことになった。そのようなリスクマネジメントの結果として、医療安全がもたらされることになる。

2 「医療の安全管理」の理念

　これに対して医療の安全管理の理念は、何よりも患者の利益を確保すること、すなわち患者の人権の尊重を第一義とする。すべては患者を主体とし、医師・医療機関は患者に奉仕する者と位置付けられる。医的侵襲を除き、決して患者に害を加えてはならないということである。

※アメリカ司法界では、訴訟費用は全額弁護士が負担するという成功報酬制度（contingency fees）が弁護士報酬のシステムとして定着しており、このことが医療過誤訴訟の増加を招いている。また、アメリカの裁判所は民事陪審員制度（jury system）や懲罰的賠償判決制度（punitive damages）という日本の法文化とは異質の司法文化を持つため、著しい高額賠償判決が相次ぐ一因となっている。

　前述のリスクマネジメントと違い、病院経営の維持が目的ではなく、患者の利益擁護に徹するという方策を確立することが目的である。そのことによって患者から信頼を受け、結果として病院は存続するという理念である。

　どちらの考えを重視すべきかは論を待たないところである。アメリカと異質の司法文化を持つ我が国では、医療過誤訴訟の病院経営に与える打撃力の違いも考慮する必要がある。いずれにしても、本書は安全ないし安全管理という言葉を用いることとし、括弧書きでリスクマネジメントを用いることにする。

　また、このことから、「リスクマネジメント委員会」という名称よりは「医療安全（管理）委員会」の名称の方が好ましいと、筆者は考える。

3　事故・紛争・事件の概念

　医療関係者にとって大切なことは、まずは医療事故を発生させないことである。

　次に大切なことは、発生した事故を紛争にしないことである。

　そして次に大切なことは紛争を事件にしないことである。

　医療事故を未然に防止するための方策を立て、これを有効に実行しなければならない。

　しかし万全の策を実行したとしても事故は起きる。

　それを患者とその家族との間で、紛争化させないことが必要である。被害の拡大阻止と信頼関係の維持が大切である。さて、それにはどうするか。

　紛争が生じたとき、それを事件にしないことが大切である。事件とは警察、検察、弁護士、裁判所という司法が介入する状態になることである。こうなると法曹資格のない医療関係者の手を離れることになる。

　だからといって、その知識を持つ必要がないということではない。

　本書はこうした視点に立って、わかりやすく解説していくことにする。

2 医師と患者の関係

1　医師と患者の法律関係

　我が国では、医師と患者の法律関係を委任契約と考えるのが通説・判例である。正確には準委任契約（民法656条）であり、これは委任契約の規定が準用される。

　しかし、これらの条文の解釈だけで医師・患者関係の諸問題が解決されるものではなく、最高裁判決に代表される判例や学説、厚労省通達、学会の会告、日本医師会の会告等が重要な解釈・解決指針（ガイドライン）として機能していることは周知のとおりである。

2　委任契約説の疑問

　医師と患者の法律関係を委任契約と考えることは、必ずしも医療の現実に沿ったものとは思えない。

　契約の概念は、対立する当事者間の関係を権利・義務という関係で分析し、これを通して両者の利害を調節する法的手段（判断の枠組）である。

　しかし医療の本質は、端的に述べるなら、パートナーとしての人間関係である。専門的知識と技術、そして医師の徳（倫理）を持って医療を担う医師、看護師らが、疾病に悩み苦しみ、心から治癒を望み、1日も早い社会復帰と帰宅を希求して医療の援助を求める1人ひとりの患者と同じ気持を持ち、ともに疾病治癒の目標に向けて行動する。

　こうした医療の本質を踏まえた上で両者の関係を法的に評価するならば、委任契約モデルではなく、モデルとなるべきものは協同組合ないしは信託関係と考えるべきである。

　例えば、共通の大型事業を遂行するとき、土木建築の実務の世界ではジョイントベンチャー（ＪＶ）を構成するが、このモデルの方が医療の本質に近いともいえる。アメリカにおいては、医師と患者の関係を信認関係として対処していることも参考とすべきである[※]。

※参考文献：樋口範雄著『医療と法を考える——救急車と正義』有斐閣、2007年

3　共同行為としての医療

　いずれにしても、医師と患者の関係を対立する当事者間の法律関係としてでなく、共通の目標達成のために相互に協力、援助する共同法律関係(共同行為)として把握すべきである。

　医療安全を考えるにあたり、こうした理念を確認し、これに沿う理論を構築するべきである。

4　契約の当事者

　現在の通説、判例は、医師と患者の法律関係を委任契約と解しているから、委任者は患者であり、受任者が医師となり、この両者が契約当事者となる。

　しかし、今日医療を担う者は、医療法人であり、国立や大学病院、あるいは公的団体であるから、契約の当事者は個人である患者本人と法人ということになり、個々の担当医はその法人の履行補助者という地位に立つことになる。すなわち、組織においては個々の医師は直接の契約当事者ではないのである。医療事故が生じ、これが民事事件に発展したとき、通常被告の地位に立つのは法人となる。

③ 医療安全と医事法制

　医療の在り方を定める法律は医療法であり、医療は医療法を無視して成立することはない。ここでは、医療法が医療の理念や医療安全について、どのように規定しているのかを見ていく。なお、医療法には、「リスクマネジメント」という用語はない。

1　医療法の目的と役割（医療法1条）

　医療法1条に掲げられている医療の目的と役割は3つある。

（1）患者の適切な選択の支援
（2）医療の安全確保
（3）医療機関の開設・管理、施設整備・施設相互間の機能の分担や業務連携

　これら3つの目的とするところは、患者の利益保護と良質かつ適切な医療提供体制の確保である。

2　医療の理念（医療法1条の2）

　医療の理念として、医療法は次のことを明記している。

（1）患者の生命の尊重と個人の尊厳
（2）医療の担い手と患者の信頼関係
（3）患者の意向の十分なる尊重

3　説明責任等（医療法1条の4）

　医療法1条の4は、努力義務という形を取りながらも、医療の担い手は良質かつ適切な医療を行う義務と、適切な説明を行い患者の理解を得る義務を明記している。
　以上の医療法の文言は、安全管理の理念（指導理念）として常に顧みられなければならな

い。医療人にとってのいわば座右の銘である。

4 医療の安全確保（医療法 6 条の 9 ～ 12）

（1）管理者の責務

医療法 6 条の 10 は、病院等の管理者の責務として、次のように定めている。

「病院・診療所又は助産所の管理者は、厚生労働省令で定めるところにより、医療の安全を確保するための指針の策定、従業員に対する研修の実施その他の当該病院、診療所又は助産所における医療の安全を確保するための措置を講じなければならない」

本条は努力義務ではなく、作為義務の形（行政命令）で規定されていることに留意する必要がある。管理者は、医療法上の法的義務として安全確保をしなければならない（ただし、罰則は定められていない）。

医療法 6 条の 10 では、管理者の医療安全措置の内容として、厚生労働省令により以下のように定められている。

（1）医療に係る安全管理指針を整備すること

（2）医療に係る安全管理のための委員会を開催すること

（3）医療関係における事故報告書等の医療に係る安全の確保を目的として改善のための方策を講ずること等（以上医療法施行規則 1 条の 11 第 1 項）。

第 2 項には、

（1）院内感染対策

（2）医薬品の安全管理

（3）医療機器の安全管理

などが定められている。

今日、多くの病院において、医療安全委員会、安全衛生委員会、リスクマネジャー委員会、薬事委員会、医療ガス安全管理委員会、院内感染委員会、クオリティ・マネジメント委員会、研修委員会等々の名称で、多彩な委員会が設置されて活動しているが、その法令根拠はこれらの法令にある。

（2）安全措置

医療の安全措置を講ずべきことは、国・都道府県の責務でもあり（医療法 6 条の 9）、国はこの義務の履行として、医療安全支援センターを設置している（医療法 6 条の 11、12）。

（3）監督義務

管理者の安全措置は重要な義務であるが、管理者は監督義務（監督責任）も負っており、

この管理者責任も自覚する必要がある。

　すなわち病院または診療所の管理者は、その病院または診療所に勤務する医師、歯科医師、薬剤師その他の従業員を監督し、その業務遂行に欠けることのないよう必要な注意をしなければならない(医療法15条)のである。

■(4)医療安全

　「病院、診療所又は助産所は、清潔を保持するものとし、その構造設備は、衛生上、防火上及び保安上安全と認められるようなものでなければならない(医療法20条)」。

　医療法が、医療安全基本法的な性格を有するものであることを改めて認識する必要がある。

　医療の理念や安全は、以上のように医療法によって規定されているが、問題は医療の安全管理の具体的内容である。第2章では、医療事故を発生させない方策を述べていく。

第2章

医療事故を発生させない方策

1 医療安全の内容と医療事故の概念
2 医療安全の諸方策

医療安全の内容と医療事故の概念

医療安全について、医療法は前章で述べたような様々の規定をしている。

その指導理念は患者の人権の保障にあるが、具体的な医療安全の内容は何か、これが第2章の中心的主題となる。

1　安全の意義

安全な市民生活を送る上で「安全とは何か」を問うとき、私たちは日常生活の中で何が危険なのかを考え、少なくともその危険を排除できれば、その限りにおいて安全は確保されると考える。

例えば「安全運転とは何か」を問うとき、「危険な運転は何か」を特定すれば良く、それを実行しないということで安全を守ろうとする。無免許運転、酒気帯び運転、過労運転、速度超過、信号無視など危険運転を個別具体的に法定し、その違反を摘発することによって、運転の安全(歩行者の安全)を確保する。

これを医療行為に準用すれば、つまり危険を伴う医療行為が個別具体的に類型化できれば、1つの安全対策になるといえる。道路交通法に学ぶ医療の安全策といっても良い。

2　医療事故の概念(定義)

医療事故の定義を定めた法律はないので、法的な定義をすることはできない。一般的な定義は「医療の管理下における医療遂行のなかで、患者に生じた予期しない不利益な事実、または医療の管理下にある施設に起因して生じた不利益な事実」といわれている。

(1)広義の概念

患者はいつから医療の管理下に入るのか。

例えば、病院の敷地内の駐車場での事故はどうだろうか。病院敷地内であれば病院の管理下といえるが、病院内のトイレ、食堂、病室、待合室などで、他の患者や見舞客等の第三者から患者が受けた暴力による被害事故はどう扱われるのか。病院から他の病院に転送中の事故はどうなのか。

　このような事例を含めて広義で医療事故を考えると、医療行為に直接関係ない事故についても考えなければならない。

　これらの事故には医師賠償保険の適用はないから、病院施設ないしは病院管理責任から生じた事故に適用される施設賠償保険に加入しておく必要がある。患者との関係では、診療契約に基づく安全配慮義務の問題として対処することになり、それ以外の第三者との関係では民法717条に定める工作物等の設置上の責任問題として対処する。この分野も1つの法領域である。

▌(2)狭義の概念

　医療事故として専ら取り上げられるのは、医師が患者に行う診療行為（診断と治療）によって予期せぬ不利益事実が生じたときである。

　ここで「予期せぬ」というのは、「患者の心理面において予想外の不利益な出来事」ということである。患者が予想していた範囲内の不利益事実であれば、少なくともその心理的側面においては患者には事故の認識は生じない。

　本来、医療事故は患者の心理に関係ない客観的な事実そのもののはずである。しかし、患者がそれを事故と認識しなければ、医療現場では事故と扱われないことがある。したがって、現実には患者の主観的な部分が医療事故を定義する重要な要素となる。

　本書は主としてこの領域をテーマとして述べることになる。

② 医療安全の諸方策

1　インフォームド・コンセント

　医療事故防止の第一は、インフォームド・コンセント、つまり診療開始ないしは診療中に十分な説明を行い、患者からその理解を受けておくことである。インフォームド・コンセントが適切に行われれば、少なくとも主観的意味合いにおいて事故の防止になる。

　検査、投薬、治療、手術、リハビリ等々、当該の具体的患者の症状において、問診から退院までのすべての診療の各プロセスにおいて、適切な時期に、主治医からの十分な説明がなされ、その各々において患者の理解を得る必要がある。それを正確にカルテに記入し、発生するかも知れない不利益事実についての理解、許容を得なければならない。

　患者は1人として同じ人はいない。それぞれの患者によって、症状・年齢・性別・職業・社会的地位・理解能力は異なる。

　近時、医学部教育においては、こうした千差万別の患者への対応の在り方も訓練している。しかし医師の個人差もあり、実際には書物による知識ではなく現場の臨床での経験が大切である。インフォームド・コンセントの有効な在り方については、学部と臨床にわたる研修の必要が求められるところである。

2　予知（予見）力の涵養——他院の経験に学ぶ

（1）事故発生の予知（予見）力

　あらかじめ、どのような事故が、どこで、どのように起きるのかを知ることができれば、事故の発生は未然に防止できるに違いない。予知（予見）力のすぐれた医療機関とそうでない医療機関では、医療事故の発生数に顕著な差が生じるだろう。

　もし、医療スタッフのなかに、いわゆる霊感の非常に強い人がいれば、医療事故は未然に防止することができるだろう。「この病院の○号棟で○月○日に注射事故が起きるでしょう」と予知できれば、関係者は常にも増して注意することが確実だ。だが、現実にそのような人がいるはずもない。

　しかし、医療事故防止の第二の要素は、実はこの予知（予見）力をいかに涵養し、現場の

共通認識にするかにある。

　問題は、これをいかに科学的に予知(予見)するかにある。

■(2)他者の経験に学ぶ

　予知(予見)力を養うには、他者の経験に学ぶことである。他の医療機関で起きた事故は、自分の病院でも起きるという意識である。

　学歴、職歴など同じような経験を持つ医療人が、同じような患者を、同じような医療機関で治療しているのである。その同質性を考えるならば、他の医療機関で起きた事故は、明日にでも自分の医療機関で起きても、不思議でも何でもないのである。人は誰でも間違いを犯すし、しかも同じような間違いを何度でも犯すのである。

　以前、Ｆ県のある病院で、妊婦の定期健診に来院したＡさんと中絶手術を受けに来たＢさんを取り違え、それぞれ逆の措置をした事故があった。患者取り違え事故として新聞でも大きく報道された。致命的な被害を受けたのはＡさんである。あろうことか胎児が消えてしまったのである。まさに取り返しがつかない事故である。

　たまたま同姓であったということであるが、鈴木さん、中村さんなど同姓の人は多いし、ある地方では、特定の姓の人が非常に多いこともある。こういう場合、名前を呼んでも同じ名前の人がいることもある。姓名(フルネーム)で患者を特定しても、確実に特定したことにはならないのである。

　患者の特定は、医療安全の初歩的作業である。この事故を重く受け止め、「自院でもいつ起きてもおかしくない。それを防止するにはどうするか」と他者の経験を学んで対策を立て、実践するならば、同じような事故を防止できるのである。

　この事故は、今や有名となったＹ市立病院の肺癌と心臓手術の患者取り違えのはるか以前の事故であったから、少なくともＹ市立病院では、この他者の経験に全く学んでいなかったことになる。情報収集力の不足もさりながら、緊張感と謙虚な姿勢の欠如、何よりも患者に対する医療人の使命感、責任感の欠如というべきである。

3　ヒヤリ・ハットレポート——自院の経験に学ぶ

■(1)レポートの必要性

　多くの病院、なかでも特定機能病院や後方支援病院においては法令上の義務として、自院での医療事故について報告するシステムが実行されている。インシデント・アクシデントレポートやヒヤリ・ハットレポートなどと呼ばれている。

　医師、看護師、薬剤師、放射線技師など現実に診療に関与している職責の人は、自分が担当・関与した患者の医療行為に際して、もう少しで事故になるようなケースや不幸にし

て患者に有害な被害（事象）が生じたときには、それを迅速かつ正確に書面にして、所定の手順に従って提出しなければならない。

　医師や看護師にとって、こうしたレポートを作成するための時間は、なかなか取りにくい状況にあるかも知れない。しかし、一たび致命的な事故が起きれば、当該患者にとって取り返しのつかない被害を及ぼす。ひいては病院の存続にも重大な影響が出て、医師や看護師の生活にも直結しかねない。すべては患者の利益のためにという根本的な理念を共有して、いかに多忙であっても、該当する事実に遭遇したならばこのレポートの作成をしなければならない。

　多くのレポートを提出した人こそ、より多く評価すべきであって、このレポートが提出者の不利になることがあってはならない。

■（2）レポートの活用

　問題は、このレポートの集計・分析と、これによる具体的な対策の樹立である。

　レポートは提出されただけでは何の意味もない。一部の狭い部局の人のみが知っていて、他の部局にこうしたレポート情報が伝達されていなければ、何の意味もない。

　こうしたレポートが正しい手順で集計され、しかるべき方法で分析され、病院全体の共通の情報として活用されてこそ、事故防止の方策となる。

　原因が判明してこそ、対策が立てられる。

　交通事故を例に取ると、例えば、日本全国の交通事故数はその発生場所・結果（死亡・損害・物損など）を含めて、翌日にはすべて把握されている。周知のとおり、交通事故を起こした人は、道交法によって届出義務があり、これに違反すると刑事罰が科せられるからである。

　しかし、この届出は届け人を処罰する目的があるにしても、被害者の救命が第一義であり、加えて事故現場や発生状況を分析・検討する資料となり、信号機の設置や信号時間の調節、警告文の掲示、一方通行とするか否か等々、同種の事故発生を防止する有益な資料となるのである。

　今日、医療事故報告制度は施行令レベルの特定の病院に限られ、法律上の義務とされておらず、もとより届出をしないことによる不利益処分もない。これでは、本格的な対策を取るには不十分な環境である。早急に届出制度を整備する必要はあるが、それには医療事故の明確な概念設定が必要であり、届出者、届出先、届出のインセンティブ等々いくつか検討しなければならない課題がある。

　それはそれとして、各病院は法制度の整備を待たずに自助努力によって、事故報告およびその分析・検証のシステムをマニュアル化していかねばならない。

4　研修と訓練

■（1）研　修

　医療事故の類型のなかでは、注射をめぐる事故が多い。

　この主体は、看護師が多い。こうした事故は結果も重大なので民事事件にとどまらず刑事事件となり、注射を実施した看護師が訴追されることになる。

　注射事故のなかで、致命的な事故は、毒性の強い注射薬を本来投与すべき薬剤と取り違えることである。注射の量や回数の誤り（過剰投与）、注射部位の誤り等があるが、その原因として、看護師の薬剤に関する知識の不足がある。注射の投与は医師の指示によるものだが、医師の指示が正しくとも看護師がその薬剤名を聞き違えたり早とちりをして、誤った薬剤を気づかないまま投与してしまうケースがある。

　（准）看護師等の薬剤知識について、十分な研修を病院でしかるべく実施しておけば、注射事故を未然に防止することができる。

　看護師は患者の状況を十分に認識している。その患者には決して使用されないであろう薬剤を医師が指示するはずはないのだから、基本的な知識があれば、医師に問い返すなど適切な回避行為が取れる。

　看護師の力量を上げるには研修しかない。事故防止の観点から、看護師の研修計画をきめ細かく立案し、実施しなければならない。

　もとより、医師の知識向上のための研修も必要である。裁判所の判例では、医師等の研鑽義務違反として法律上の責任原因となるのである。

■（2）訓　練

　病院には防災管理者が置かれ、火災や災害に備えて訓練や電気・ガス・水道等設備の点検や必要資材の備蓄の状況を検証し、患者共々防災訓練を実施している。

　実は、医療事故も同じことである。

　特に、診療経過中に生じる、患者にとっても医療例にとっても予期できない出来事に、「ショック」がある。麻酔ショック、出血性ショック、アナフィラキシーショック等である。

　こうした異常時に備えるには、研修をして知識を得るだけではなく、実地にそういうケースを設定してロールプレイ方式で訓練を行うことが有効な対策である。

　医師を含めた関係者がパニックになるようでは、救える命も救えない。ショックを正確に分析して、何よりも注射液を抜き、必要な薬剤を投与し、心臓マッサージ等救急蘇生術を冷静に実施しなければならない。

　それには、まず、何よりもやってみることである。多忙な時間のなかから、訓練時間を割り当てるのは困難かもしれないが、すべては患者の利益のためである。

5　安全委員会等の活用

　多くの病院で、医療安全委員会もしくはリスクマネジメント委員会等の名称で、医療安全に関する委員会が設置されている。これは、先に述べた医療法や施行令の定める所でもあるが、問題なのは、設置されている事実ではなく、それらの委員会がそれぞれ横の連携を取り合って、合理的に有機的にその役割を実施しているかである。

　委員会が形骸化していることはないだろうか。管理者(院長)はそれらの活動を正しく評価し、機能させているだろうか。こうした委員会に事務局も参加して、実のある討議が行われているか検証する必要がある。

　もし、重複している委員会があれば、合理的な基準により簡素化すべきである。委員会の数が多ければ、医療安全が達成されるというものではない。大切なのはその内容である。

以下の選択肢のうち、正しいのはどれか。

〔選択肢〕

①医療法人の病院で生じた医療事故については医療法人に賠償請求できるが、主治医は勤務医であって患者との間に契約は成立していないから、主治医に対しては一切賠償請求はできない。

②病院の敷地内に設置した駐車場内で生じた交通事故で被害を受けた患者は、医師賠償保険によって医師に賠償請求ができる。

③病室で生じた患者間のケンカによって負傷した患者は、医師賠償保険によって医師に賠償請求ができる。

④医療行為によって生じた患者の被害については、被害の事実さえ証明できれば賠償請求が認められる。

⑤医療事故の防止のためには、他院で生じた医療事故に学ぶことが重要であり、そのためには研修に努めることが求められる。

解答
1　⑤

解説
1

①×：勤務医と患者間には医療契約は成立しないが、患者の生命・健康を医療水準に応じて確保する法的責任があるから、賠償責任は生じる（不法行為責任）。

②×：医師賠償責任保険は、医療行為に基づいて生じた被害が対象であって、施設内で生じた交通事故には適用されない。

③×：②と同じ理由で適用されない。

④×：医師の賠償責任は、過失の存在が要件となる。自動車事故の場合、被害の立証があれば自賠責保険によって救済されるが、医賠責保険は民法の一般原則に従う。

⑤○：選択肢の通りである。

問題 2 以下の選択肢のうち、正しいのはどれか。

〔選択肢〕

①医療機関で生じた医療事故は、患者に有害事象が生じたものはすべて保健所に7日以内に届出しなければならない。

②注射に基因する事故(例えば正中神経損傷)は、結果責任であるから無過失であっても医療側は賠償責任を負う。

③注射によってショック状態になった患者(例えばアナフラキシーショック)の救命措置は、看護師が行うことではなく医師の責任である。

④患者の救命措置の1つとして気管内挿管があるが、法規上はこれを看護師が行うことはできない。

⑤転倒・転落事故は、患者の自ら招いた結果であるから医療関係者が直接関与したものでない限り医療側が賠償責任を問われることはない。

解答 2 ④

解説 2

①×：事故報告は、一定の医療施設にあっては報告が求められるが（医療法施行規則第12条）、すべての医療機関に求められるものではない。

②×：注射事故であっても、過失がなければ賠償責任は生じない。医療過誤責任は結果責任ではない。

③×：看護師も緊急事態においては患者救命のために必要な医療行為を行うことが許される（保助看法37条）。

④○：気管内挿管は医療行為であり、医師が行うべきものである。

⑤×：医師や看護師の行為に基因して転倒・転落が生じ、患者に被害が生じたときばかりでなく、室内での経過観察中や、トイレ、歩行中の転倒・転落のときでも、監視・看護義務違反の事実があれば賠償しなければならない。

第3章

医療事故の対応

① 患者の救命

1 医療事故対応の必要性

　どんなに万全な医療事故対策を取ったとしても、事故を完全に防止することはできない。医療が人間の営みであり、患者もそれぞれに個性を持った人間である以上、予期せぬ事故は発生する。

　患者の利益を確保し、患者の人権の尊重を第一義とする医療の安全管理の理念を全うするためには、発生した医療事故に対して適切な対応策を取ることも重要である。事故の対応は、医療事故を発生させない方策と並ぶ、医療の安全管理の第二の柱となる。

　この章では、「事故は発生する」との前提で、発生した事故にどう対応すべきなのか、患者の不利益を最小限度に抑止するために何をすべきかについての対策を考えていく。

2 事故の類型化

（1）注射をめぐる事故

　医療事故の類型のなかで、注射をめぐる事故が多いことは前章で述べた。

　薬剤の誤投与は、下記のように分類できる。事故を類型化することで、対応行動をマニュアル化することができ、迅速かつ的確な救命行為を実施することができる。人の犯す間違いは共通しているのである。したがって、事前に防止するための注意の在り方も類型化し得ることになる。

（1）**薬剤そのものの取り違え**
（2）**薬剤の量の誤り（過剰投与）**
　　①1回の投与量そのものが過剰である場合
　　②投与回数が過剰である場合
　　③薬剤の組み合わせの誤り（例：AとBの両剤を同時に投与すべきではないのに誤って同時に投与する）
（3）**投与方法の誤り**

①服用すべきものを注射した場合、あるいはその逆

②筋肉注射すべきものを静脈注射した場合、あるいはその逆

③一定の時間をかけて注射するべきであるのに、急速に注射してしまう場合

（4）注射技術上の過誤

①静脈注射なのに動脈に注射してしまう場合

②神経損傷を与えてしまう場合

③注射の液もれ

（2）予期できない出来事（ショック）

薬剤の投与方法に全く問題がないにもかかわらず、ショック状態に陥る例がある。

（1）麻酔薬によるショック

（2）アナフィラキシーショック

などである。

3 救命行為

以上の事故が発生したとき、直ちにその原因が誰の目にも明らかな場合とそうでない場合がある。通常は、当初は原因不明のものが多いであろう。

しかし、原因がいかなるものであろうとも、最優先に実施しなければならないことは、患者の救命であり、被害拡大阻止である。

（1）ショック症状の理解・把握

救命行為は、医師、看護師の医療技術・看護技術が問われることになるが、特に看護師の初動行為が重要である。なぜなら、患者の異状を最初に覚知するべき立場にあるからである。

患者が客観的症状としてショック症状となっているにもかかわらず、それをショック症状と理解・把握できないようでは看護師として論外ということになる。したがって、看護師の知識を水準以上に確保し、実行できる状況にすることが、事故発生後の第一の目標である。

そのためには、先に述べたように研修と教育を徹底するなどの対策が必要である。

（2）応急措置と医師への連絡

看護師は異状を認識した場合、直ちに医師に連絡を取らねばならないが、医師に連絡する前にやらねばならないことがある。

例えば点滴中のショックであれば、まずは点滴注射を中断し、投与中の薬剤を取り除く

ことなどは最優先の対応である。複数の看護師がいれば、医師への連絡や患者救命の対応をそれぞれ実施することが可能だが、夜間などは、現実には困難である。また、医師に連絡しても、直ちに医師が駆けつけることができるとは限らない。

したがって、医師が駆けつけるまでの間、看護師が救命に当たらなければならない。前にも述べたが、何よりも事前の訓練が重要である。

▋（3）緊急事態における看護行為

緊急事態のとき、看護師も一定の範囲で医療行為（この場合は救命行為）を行うことが許される。救命行為の行い方は、講義などによる知識の伝授では限界があり、どうしても現場での体験学習によるほかはない。一定の範囲で医療行為を行うことができる特別の有資格看護師の創設も検討されてよいと考える。

▋（4）医師の対応

患者ショックの場合の医師の応急措置については、臨床医であればおよそどのような診療科に所属していようとも、ショック対応の知識と技術に精通し、かつそれを実施できる能力が要求される。

まず、臨床の現場に救命に必須の薬剤を含めた救急セットが用意されているか、酸素ボンベには間違いなく酸素が満たされているかなど、設備面での事前チェックと定期的な検証が行われていなければならない。

気管内挿管の技術は、現場のすべての臨床医が修得しているのであろうか。現実には、消防職員でさえも気管内挿管の技術を修得しているのであるから、「私にはできません」ということでは水準適合の救命行為とはいえないことになる。医師の技術研修も不可欠のことである。

緊急時における対応の是非は各病院の責任となる。

▋（5）事務局（長）の責任

以上で述べた教育・研修、訓練と救命セットの常備等の実施と検証は、本来、安全委員会の守備範囲に属することである。

しかし事務局（長）としては、①それらが適切に実施されているか、②研修参加者は一部の者にとどまってはいないか、③研修教育の効果の検証は行われているか、④必要な予算措置が取られているか——等に配慮しなければならない。

必要に応じて事務局（長）から委員長に意見具申をしなければならず、他の病院での研修、教育の状況についても情報を収集して、安全委員会に伝達するべきである。

4 転倒・転落の防止

転倒や転落の阻止は、極めて困難なことである。疾病の治癒が、退院を目標に実施される以上、事故を恐れて歩行やベッドからの移動を阻止することは退院否定となり、全く矛盾することである。

転倒・転落の予見は、果たして可能なのであろうか。予知(予見)できるのに漫然と歩行させることは許されないことである。しかし、もし現実に転倒・転落事故が発生した場合は、すみやかな検査(骨折の有無)を実施して、適切な医療を行う他はない。

転落が予見されるときの病院の回避措置として、やむなく患者の身体を拘束することがあるが、今度はその拘束が原因となって予期せぬ事故が起こることがある。患者管理の難しさがここにも見られる。

近時、患者の身体拘束はやむを得ない処置として違法性を否定した最高裁判決がある。

こうした困難さを抱える医療に一定の理解を示されたものとして評価すべきであろう。

② 死亡事故の対応

　水準に適合した救命を実施したとしても、その目的を達成できず、不幸にして死亡や重大な後遺症を残す結果となることがある。以下、死亡を前提にしてその対応の在り方を述べる。

1　死亡診断書の作成――死因の記載

　死亡という重大な結果が生じた場合、主治医は死亡診断書を作成する義務がある（医師法19条2項）。

　死亡という事実だけを記載するだけではなく、死因と死亡の種別を記載しなければならない。死因には直接死因、それを招来した死因（間接死因）等を記載する。

　しかし、ショックで死亡した場合、その原因が何であるかを死亡直後に記載できるであろうか。医療事故が医事紛争へと進まざるを得ないのかどうかは、この死因の特定ができるかどうかによる。

　薬物作用によるショック（アナフィラキシーショック）であるとしても、複数の薬物を投与しているときには、その原因薬物を特定できるとは思えない。複数の薬剤を同時に投与している場合には、およそその場での特定は無理である。実験して確認するなどということも、到底不可能なことである。

　実験で検証できないというのが医療事故の特質の1つなのである。

2　死因究明義務と解剖

　死亡診断書の死因記載は、一たび記入して公務所に提出した後は、よほどのことがない限り訂正はできない。より正確な診断をするには解剖手続を取らねばならない。

　臨床所見上、薬物によるアナフィラキシーショックと思われても、心臓あるいは脳内に重大な疾患があり、それが死因に関与（寄与）しているかもしれないのである。

　死亡という結果について病院ないしは主治医の法的責任が問われる恐れがあるとすれば、科学的検証を経た死因の特定手続は不可欠な前提である。

　そこで、解剖の問題が生じるのであるが、それには司法解剖を除けば家族の同意が必要

である。

解剖問題（死因特定）と家族への説明の問題が不可分の問題として生じる。これは表裏一体の問題で、最も困難な対応の１つである。

3　解剖の種類

▌（1）司法解剖

裁判所の鑑定処分許可状（令状）によって国が刑事訴訟法に基づいて行う解剖。

遺族の意向に関係なく実施される。大学病院の法医学教室において法医学（准）教授によって行われるが、その記録は通常開示されることはない。

▌（2）行政解剖

全国のうち５つの都市に設置されている監察医務院において、監察医によって行われる。根拠法は死体解剖保存法８条である。

▌（3）病理解剖

死因究明、臨床診断の当否、研究等の目的で遺族の同意の下に病院で行う解剖。通常、解剖費用は遺族が負担する。我が国では病理解剖数が極めて少ない。死後のMRIによる診断が提唱されている。

③ 家族への説明

1　説明の必要性

　家族に対する患者の死因の説明は、患者の死亡直後から求められる。家族にとっては、医療遂行のなかであらかじめ死亡が予見（説明）されているならともかく、突然の死亡という事実は到底理解しがたいことである。「なぜ死んだのか、どうして助けられなかったのか」という極めて当然の疑問が生じ、その説明を医師に求めるのである。

2　対応の手順

　家族への説明が適切に実施できるかどうかは、今後の患者家族との関係をほぼ決定的に左右するといっても過言ではない。

▌（1）看護師の説明

　家族は、まずは最も身近な存在である看護師に質問するかもしれない。
　そのとき、看護師はどう対応すべきだろうか。個々の看護師が回答することは適切ではない。「そのことについてはお答えできる立場ではありません。いずれ先生の方からご説明があることと思いますので、しばらくお待ちください」という趣旨の返答を看護の責任者から伝えるべきである。

▌（2）医師の説明

　医師の説明は不可欠であるが、不用意な状態で行うべきでなく、以下の点などについて明確にしてから答えるべきである。
①誰が答えるべきなのか
②死因についての説明は医学的に証明可能なのか、単なる可能性の１つを推測で答えることではないのか
③解剖のことをどのように説明すべきなのか
　家族に対する説明は、個々の医師が医師相互の連絡なく勝手に行うべきではない。医師が、死因を医学的な推論の１つ、医学的な可能性の１つとして説明したとしても、医学的

知識のない家族は、それを死因の説明として理解する。まして主治医以外の他の医師の説明がそれと違えば、そこに医療に対する決定的な不信が生じることになる。

　家族に対する説明は、最大の配慮を必要とする事柄である。それではどうするか。臨床は医学に基礎を置く以上、死因の特定は科学的検証に耐えるものであるべきであって、推論を述べるべきではない。説明の時点で死因が不明ならば、「不明です」とはっきりと述べなければならない。家族の医療不信は医療側の説明が「ぶれる」ことにあるのであって、不明ならば不明とはっきり言った方が良い関係を保つことができる。

▌（3）説明前の検討

　家族に死因を説明する前に、医療側は一応の共通認識を持つ必要がある。主治医・その他の担当医、看護師（長）、病院長らの死因についての合意形成が不可欠である。その準備（合意形成）ができる以前の説明は控えるべきである。

▌（4）家族への説明

　家族に対して患者の死因の説明をする人は、最初から統一すべきである。

　家族から説明を強く求められても、死亡原因に対する院内での医学的意見の一致を見るまでは、そのことを家族に率直に述べて説明を控えるべきである。早い説明より、時期は多少遅れても正確な説明をする方が、信頼維持にとって大切なことである。

　説明を行った上で、より正確な死因究明のためには解剖が必要であることを伝え、その意向を聞いた上で、解剖の可否をカルテに記録する必要がある。

　解剖は通常強い拒否反応があるようだが、その必要性を良く説明すれば納得してくれるはずである。

　自院で解剖できない場合は、どこで、どの程度の時間と費用を掛けて行われ、その結果はいつ、どのような方法で伝達されるのかを、個別具体的に説明する必要がある。病院としては日頃から、解剖受け入れ医療機関と連携しておく必要がある。

異状死届出義務（医師法21条）

1　医師法の規定

医師法21条は、次のように定めている。

「医師は、死体又は妊娠4月以上死産児を検案して異状があると認めたときは、24時間以内に所轄警察署に届け出なければならない」

これに違反すると50万以上の罰金刑に処せられる。

ショック死は、予見不可能な医療遂行中の事故であるから、異状死というべきである。特に、その原因が薬物の誤投与に由来すると思われる事情があるならば、届出をしないわけにはいかない。

2　届出に際しての問題点

しかし、実際に届出をする際に、いくつかの問題点が浮かび上がる。

（1）**届出の基準**が院内でマニュアル化されているかどうか

（2）**届出者**は誰か

（3）届出について**家族の同意**を求める必要はないか

（4）薬剤の誤投与が強く疑われるとき、担当看護師の同意を得ることなくその氏名を表示（告知）して良いのか

（5）警察に事前に届出の有無について問い合わせをすべきなのか、もしくはしても良いのか

（6）主治医が届出を強く拒否したとき、病院長もしくは理事長や事務長が届出をすべきなのか、もしくは届出をしても良いのか

（7）届出後に警察から、任意でカルテ等の提出を求められたときそれに応じることは、個人情報保護法あるいは守秘義務上、問題はないのか

医師法21条の問題は、医療に警察・検察が介入することになり、過去にも都立広尾病院事件の最高裁判決※もあり、届出の基準（範囲）、医療への警察の介入の是非（特に福島

県立大野病院事件）等、医師法上の問題を超えて、社会問題からついには政治問題に拡大している。

3 届出と事務局（長）の役割

事務局（長）としては、届出をすべきか、すべきでないかというグレーゾーンの症例について頭を痛めることになる。

「異状死」の判断は、本来は医学的な臨床の問題である以上、院長なり安全委員会の判断に従わざるを得ないが、院長から事務局（長）としての意見の開陳を求められたならば、自分の考えを述べねばならない。

そうした必要性から、医師法21条問題について、以下に要約しておくことにする。

4 医師法21条の運用と解釈

（1）異状死届出の性質

患者が病院内で死亡した場合、主治医もしくは死体を検案した医師は、通常は死亡診断書を作成して遺族に交付する。これが（市）役所に提出され埋葬の法的根拠ともなり、死亡届添付書類ともなる。そしてこの文書は厚労省の統計上死因等の分類資料ともなる。

しかし、異状死届出は、死亡届とは全く法的次元を異にするものである。届出先が警察であることから分かるように、犯罪捜査のきっかけとなる司法上の文書でもある。

（2）「異状死」の概念の変化

当初の解釈は、通常の疾病で入院・治療を受けている者が診療行為中死亡したとしても、その死亡の転帰が医学的に説明できるものあれば「異状死」と認識されることはなく、届出の対象となるものではなかった。

しかし、患者の取り違え、薬剤の取り違え等によって生じた死亡は医療行為とは無縁のものであり、これによる死亡は届出の対象とならざるを得ない。時代の変化とともに「異状死」の概念は拡大の方向をたどることになり、1994（平成6）年には日本法医学会の見解が示された。

※出典：「判例タイムス1153号」判例タイムズ社（2004年4月13日）93ページ
　看護師の過失で消毒液を点滴し、患者が死亡したことについて警察への届出が遅れてなされたことについて責任が問われた事件で、届出義務が憲法の黙秘権保障を侵害するものか否かが争われた。最高裁は憲法違反ではないと判断した。

▌(3)日本法医学会の見解

　日本法医学会の見解は基本的な視点として、異状死の解釈を広義にとらえている。異状死の定義に代えて、異状死でないものを定義したのである。つまり「病気になり診療を受けつつ、診断されているその病気で死亡すること」は異状死ではない。したがって、これ以外の死はすべて異状死ということになる。

　問題は診療中の患者の死亡であるが、法医学会は「診療行為に関連した予期しない死亡、およびその疑いのあるもの。注射、麻酔、手術、検査、分娩などあらゆる診療行為中、または診療行為の比較的直後における予期しない死亡。診療行為自体が関与している可能性のある死亡。診療行為中または比較的直後の死亡で、死因が不明の場合。診療行為の過誤や過失の有無を問わない」と述べ、これらは届出を必要とするのである。

▌(4)外科関連学会協議会の見解

　2001(平成13)年には、外科関連学会協議会の見解が示された。

　この見解は診療中の患者の死亡について、次に述べるような場合には「異状死」と定義する。すなわち、「何らかの重大な医療過誤の存在が強く疑われ、または何らかの医療過誤の存在が明らかであり、それが患者の死亡の原因となったと考えられる場合」である。

　「重大な医療過誤」とは、患者誤認、薬剤名・薬剤投与量・薬剤投与経路過誤、異型輸血、診断用あるいは治療用機器操作の過誤のうち死亡の原因となったと考えられるものをいう。

　「強く疑われる」とは、診療関係者により重大な医療過誤の疑いが確認され、かつ、診療行為直後の生命兆候の急激な変化、死亡時・死亡後の異常な随伴性変化、異常な検査所見などの客観的事実に基づいて、重大な医療過誤の存在が疑われることをいう。

　「医療過誤の存在が明らかである」とは、患者が死亡するに至った経過、状況、その他の客観的事実に基づいて、診療関係者によって医療過誤の存在が確認されることをいう。「それらが患者の死亡の原因となったと考えられる」とは、医療過誤の存在によって患者の死亡を合理的に説明することができ、事実によっては合理的な説明が困難なことをいう。

▌(5)異状死の概念の混乱による弊害

　こうした「異状死」の概念の混乱のなかで、2006(平成18)年、福島県立大野病院の産婦人科担当医が届出義務違反等の容疑によって逮捕されるという、まさに異常事態が生じた。

　この事実は大きな社会問題となり、医師法21条の正当性まで論じられるようになり、新しい制度設計が強く求められることになった。

　現在、医療事故安全調査委員会構想が議論されている。これは航空機・鉄道事故調査委員会設置法をモデルとして、法律案要綱が発表されているが、いくつか検討すべき問題も

ある。また、2009（平成21）年の政権交代の事情もあり、立法化されるには相当の時間が必要と見込まれるが、その推移には重大な関心を向けなければならない。

医療事故調査制度

1　医療事故調査制度の発足

　2015（平成27）年10月1日から医療法の改正により、医療の安全の確保のための措置が新設され（医療法6条の9〜27）、医療事故調査制度が発足した。

　この制度は、医療機関の医療に基因し、または起因すると疑われる患者の死亡または死産のうち、死亡または死産を予期しなかったものについて、医療事故調査・支援センターにその事故報告を義務付けるものである（第6条の10）。

　死亡または死産に限定されるため、症状の悪化、後遺障害などは報告の対象にはならない。医療基因性の要件があることから、医療施設内の患者死亡であっても、非医療者による行為や施設の瑕疵による死亡事故は除外される。しかし、医療基因が疑われる死亡は対象とされるので、現実の症例において報告義務の対象になる死亡・死産の判定は困難である。しかも、死亡・死産が予期されたものであれば報告対象とはならないことから、さらに判定は難しいものとなる。ここに「予期されていた」というのは、死亡・死産が想定されたものであったということが事前に患者に開示されていなければならないということである。つまり、①診療提供前に患者・家族に対する死亡または死産の説明があること、②診療録等書面に死亡または死産の記載があること、③後日に管理者または委員会等第三者機関の事情聴取により死亡または死産が予期されていたことが認められること等のいずれかの要件の1つに該当することが求められる。

　医療側としては、患者に対する予後のインフォームドコンセントの重要性を認識すべきことになる。

2　医療事故調査・支援センター

　医療事故調査・支援センターは、厚生労働大臣の指定による一般社団法人または一般財団法人であるが、このセンターが調査を実施するわけではない。あくまでも、死亡・死産の原因究明は医療管理者の責任である（第6条の11）。

　したがって、事故報告をした後は、医療機関において適切な委員会等を設置して原因を究明しなければならない。なお、事故報告の内容は、①事故日時、②場所、③事故時点で

把握している事故状況(患者名・臨床経過等)、④連絡先、⑤医療機関名、⑥患者情報、⑦医療事故調査実施計画の概要と予定、⑧その他管理者が必要と認めた事項等である。

医療機関が行う調査の出発点は解剖であるが、解剖は遺族の同意が必要な上に、解剖費用の問題もある。そこで、解剖に代えてAI(画像診断)が実施されることもある。

院内調査が困難なときは、支援団体に委託することができる(第6条の11②)。また、調査依頼があった場合は、医療事故調査・支援センターが独自に調査を開始することもある(第6条17①)。

3 調査結果の報告

院内調査を実施したときは、医療事故調査・支援センターにその報告をしなければならない(第6条の11④)。報告するにあたっては、あらかじめ、遺族に対し説明をしなければならない(第6条の11⑤)。

4 検討課題

(1)医師法21条(異状死届出制度)

医師法21条(異状死届出制度)との関係が1つの課題である。医師法21条は存置されたため、事故調査制度の発足にかかわらず、異状死届出の要件を満たす死亡・死産は警察に届出をしなければならない。いずれにしても、医療機関としては2つの届出義務(警察と医療事故調査・支援センター)に直面せざるを得ず、その負担は軽いものではない。一方、届出を受けた警察も、事故調査制度による調査が実施されている症例をただちに捜査するのは難しい。いずれにしても、この両者の整合性をどう図るかが課題となっている。

(2)事故調査結果(報告書)の司法利用の是非

事故調査結果(報告書)の司法利用の是非も検討課題である。もし、患者側にとって、医療機関側の過誤を証明するような調査結果であれば、それを有利な証拠として民事・刑事手続に利用(活用)したいと考えるのは自然なことである。しかし、事故調査制度の目的は、法的責任の追求ではない。むしろ、法的責任の追求から解放することによって、死亡・死産の原因を究明し、再発防止に役立てるものである。しかし、この整合性をどう考えるかは1つの問題である。

(3)事故調査実施件数の低調

事故調査実施件数の予想外の低調ぶりも課題の1つである。制度発足時には、年間1,300

〜2,000件の事故調査を予想したとのことであるが、現実にはその3分の1程度で推移している。このことから、医療事故調査制度が必ずしも定着しているとは言えない現実をうかがうことができる。問題はその理由である。すでに発足して5年が経過しており、この低調な理由を分析して、真に国民、患者のために有益な運用が可能となるよう、関係者のさらなる努力が求められる。

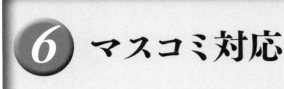

6 マスコミ対応

1 マニュアル作成の必要性

　医療事故による患者の死亡という重大な結果が生じた場合、異状死の届出をすると、必然的にマスコミにその情報がもたらされる。

　病院は警察・家族・マスコミへの対応をしなければならないが、これをすべて安全委員会で行うには限界がある。こうした事態が生じることは予見の範囲内のことなのであるから、事前に対応マニュアルを作成し、それなりに研修をしておかないと、いわゆるパニックとなり、不適切な対応しかできず、病院のダメージをさらに深めることになる。

2 対応の時期と順序

　マスコミへの対応は、早ければ良いというわけでもない。

　マスコミ対応の在り方は、副院長クラスを広報担当者としてかねてより準備してその担当者が一元的に対応して、バラバラの対応は避けるべきである。また、まずは家族への説明が優先されるべきであるから、その前にマスコミに対応してはならない。

　病院は、マスコミにも家族感情を良く伝え、家族の感情を優先して考えるべきこと、報道に際しても家族の取材に慎重な姿勢を示すことを求めるべきである。マスコミはこれに応じられるはずである。

　記者会見の求めがあっても事故原因は調査・検証中であること、マスコミに話をすることについて家族の了解が得られていないこと等を説明し、いずれ必要に応じて対応することを述べて、慎重な対応をされることを要請しなければならない。

　医療事故報道の在り方については、日本医師会と報道機関代表者との間に基本的な協定を結んでおく必要があると考える。

　不十分な準備のまま記者会見を開くことは混乱をより深め、家族の不信感を助長することになりかねない。記者会見を開催するには、報道各社代表者と事前に協議した上で、十分な準備をもって行うべきある。

3　病院関係者への周知

　マスコミは、担当医師、看護師、院長等に個別取材を行うことがある。この場合、個別取材には応じられないこと、病院内での撮影は他の患者が撮影されることもあり、プライバシー保護、守秘義務の観点からも承諾できないことをはっきりと明示すべきである。病院関係者にも個別取材には応じないことを伝達しておかなければならない。

調査委員会の設置

1　委員会設置の時期

　重大な医療事故が発生し、異状死届出を行い、マスコミからの取材等があれば、事故原因を科学的に検証するために院内に事故調査委員会を設置することになる。あらかじめ事故調査委員会が設置されている病院もあるかもしれないが、通常は事故発生後、安全委員会のなかに設置されることになるであろう。

2　委員会設置の問題点

　調査委員会を設置する際、以下に述べるようないくつかの問題点が挙がってくる。

（1）調査メンバーを誰にするか。第三者委員を入れるか
（2）調査期間を設定するか
（3）調査方法をどうするのか
（4）調査結果の公表をするか
（5）予算設置

3　委員会の水準

　慈恵医大青戸病院事件等、過去にもいくつかの事件で調査委員会が設置された。しかし、青戸病院のケースでは、最初に設置された委員会は必ずしも正しく機能したとはいえない、との指摘があった。第三者委員を入れなかったこと、調査方法が一面的で全体にわたったものでないこと、担当医師の行為を正しく検証していなかったこと等、かえって医療側への不信感を増した面があったと報道された。

　調査委員会を設置する以上は、後々の医学的検証、批判そして司法判断にも耐えうるものにする必要がある。すなわち、他院の医師、中立的立場の弁護士、患者家族の参加による委員会の中立性を保つこと、客観性や透明性、医学的検証水準の維持などである。

　こうした手順を踏まえて、少なくとも家族には調査結果を開示し、真摯な説明を実施し

なければならない。それによって信頼関係の回復が図られ、紛争への拡大を回避できるのである。

　もし、病院側に明らかな過誤が証明されたならば、率直に詫びる姿勢が大切であり、必要があれば損害保険会社と協議の上で賠償の交渉を行う。賠償の交渉については次節で説明する。

賠　償

1　損害保険契約

　医療側としては、医療事故が発生し何らかの賠償問題に発展すると考えた場合、事務局（長）は院長と協議の上で、医師会や損害保険会社に事故報告をする必要がある。

　事務局（長）としては、損害保険契約（約款）に精通し、医師会、損保会社との連携を常に図っておく必要がある。また、勤務する医師個々人の損保契約の存否も確認する必要がある。

2　賠償交渉

　医師および医療側に明らかな過誤があり、その過誤と死亡という結果に医学上の因果関係があれば、そのことをはっきりと認めた上で、しかるべき賠償手続に入ることになる。

　大切なのは、その手続は保険会社と協議し、決して病院側の独断で行ってはならないことである。勝手に賠償額を決めても保険会社から保険金が支払われるとは限らないからである。したがって、交渉の手続は損保会社に委任することになる。

　家族にもこの手続を説明し、そのことが了解されれば、医事紛争に進むことはない。ただし、賠償金額についての意見の一致が見られない場合は、和解成立とはならないので、最終的には司法あるいは仲裁によって賠償額を決めることになる。

column ① 特別立法等による被害救済制度

①医薬品副作用被害救済制度

独立行政法人医薬品医療機器総合機構法により、医薬品の副作用被害者が救済される制度である。病院で処方された医薬品(輸血用血液製剤を含む)によって生じたアナフラキシーショックを含む副作用被害(入院を必要とする程度以上の重篤なもので死亡・後遺症を生じたもの)について、患者からの申請によって医療費、年金、一時金等が支給される。

②生物由来製品感染等被害救済制度

2004(平成16)年に独立行政法人医薬品医療機器総合機構法で、生物由来製品感染等被害救済制度が創設された。これにより、同年4月1日以降に使用され生物由来製品を介した感染被害について、医療費、障害年金、年金、一時金等が支給される。

③予防接種法による被害救済

予防接種による健康被害について、従来は訴訟によって救済が図られていたが、予防接種による疾病または障害については、予防接種法に基づき、医療費、養育年金、障害年金、死亡一時金等が支給されることとなった(15条、16条)。ただし、予防接種による損害賠償訴訟が提起され、賠償金の支払いを受けたときは、その価額の限度において給付は行われないか、もしくは給付金の返還をしなければならない(18条)。

④産科医療補償制度

産科医療補償制度は2009(平成21)年に創設された。分娩に関連して、新生児脳性麻痺等の重篤な症例について、産科医が医療過誤訴訟の被告として訴えられるケースが多く、新生児の両親ばかりでなく産科医にとっても多大な精神的打撃となっていた。これに対し、無過失補償を前提とした補償制度の創設が関係者によって模索され、出産時に予期せぬ事態が発生した結果、新生児が重度の脳障害を負ったとき、申請によって一時金600万円と分割金年120万円×20回＝計2,400万円を支給するものである。この補償制度に加入している医療機関の出産において、原則出生時体重1,400g以上かつ妊娠32週以上で、出産時の予期せぬ事態の発生の結果、新生児が1級または2級相当の重度脳性麻痺となった場合に支給される。申請期限は5歳までとなっている。

この制度によって、分娩に伴う新生児脳性麻痺の訴訟は減少していると思われ、双方にとって有益な制度となっている。今後は分娩時脳性麻痺の症例以外に、産科医療補償制度をどこまで拡大できるかが検討されるべき課題である。

⑤**特定フィブリノゲン製剤及び特定血液凝固第Ⅸ因子製剤によるＣ型肝炎被害者を救済するための給付金の支給に関する特別措置法（2008〔平成20〕年）**

　慢性Ｃ型肝炎が進行して、肝硬変もしくは肝がんに羅患し、または死亡した者に4,000万円、羅性Ｃ型肝炎に羅患した者に2,000万円、それ以外の者に1,200万円が支給される。

⑥**新型インフルエンザ予防接種による健康被害の救済に関する特別措置法（2009〔平成21〕年）**

　感染症予防法による新型インフルエンザに係るワクチンにより健康被害が生じたときは、審議会の手続を経て、医療費、養育年金、障害年金、一時金等が支給される制度である。損害賠償金との調整処置がある。

⑦**特定Ｂ型肝炎ウイルス感染者給付金等の支給に関する特別措置法（2011〔平成23〕年）**

　集団予防接種の際の注射器の連続使用によって、多数の者にＢ型肝炎ウイルスの感染被害が生じたことから、この被害者に対して、症状に応じて50万〜3,600万円の支給を定めたものである。これには予防接種の事実の証明が前提で、必ずしも容易な申請とはならないが、Ｂ型肝炎ウイルスの感染者にとっては意味のある救済制度である。

⑧**旧優生保護法に基づく優生手術等を受けた者に対する一時金の支給等に関する法律（2019〔平成31〕年）**

　優生手術等を受けた者に対し、一時金として320万円を支給するものである。

⑨**ハンセン病元患者家族に対する補償金の支給等に関する法律（2019〔令和元〕年）**

　ハンセン病元患者が被った精神的苦痛を慰謝するための補償金（130万〜180万円）の支給を定めたものである。すでに2001年に、ハンセン病療養所入所者に対する補償金の支給等に関する法律が制定されているが、今回は患者家族に対する支給が定められた。

⑨ 紛　争

1　紛争の背景

　家族が医療側の説明に納得しないときは、家族は事故原因について、家族なりの見解を持つことがある。つまり、事故原因について家族の認識と、科学的検証を経た医療側の考える事故原因についての認識が一致せずに、やむなく紛争に至ることがある。

　両者の見解の相違は、まず過失の存否ないしは過失の内容についての不一致である。ここでは過失の概念が重要である。これについては医学上の見解と法的見解に差があることの理解が必要である。

2　過失の概念

　法的責任の基準は、看護水準、臨床水準違反（注意義務の不履行）にある。

　一見して明らかな過誤（薬剤取り違え等）であれば、両者の認識に不一致は生じない。しかし、発生した死亡の原因として主張される行為が法的批判に該当する注意義務違反になるかどうかは、法的な価値評価の問題である。これは司法上の問題であるから、医師のみの判断では結論を出せないということである。したがって、この点についての家族の理解を得るには、弁護士の意見を求めざるを得ないことになる。

　医療側としては、その場しのぎの安易な妥協を行うべきではない。しかしそのことが不誠実な対応という誤解を与えてはならない。困難な局面であるが、医療は医学に基礎を置く以上、医療側の医学的な見解を冷静に説明して理解を得る努力を尽くす他はない。しかしどうしても理解が得られないのであれば、次の手順（裁判）に進まざるを得ない。

column ②　裁判外紛争解決制度（ADR）

　私人間の民事紛争は、本来、当事者間の話し合いによって解決されることが望ましい（私的自治の原則）。しかし、どうしても合意に達することができない場合は、司法手続によることになる（法治主義）。

　司法手続には、調停手続、訴訟手続があるが、訴訟手続によらずに紛争解決をしようとする当事者のために用意されているのが裁判外紛争解決制度（ADR：Alternative Dispute Resolution）である。

　2007（平成19）年に、裁判外紛争解決手続の利用の促進に関する法律が施行された。この対象となる紛争は医療事故に限られるものではなく、建築紛争、家族間トラブル、近隣トラブル、金融取引に関係するものなどがある。医療事故は特に訴訟に要する時間が長いこと等を考えると、市民生活にとって利便性が高いものと言えよう。

　現在、東京3弁護士会等各地の弁護士会が主体となって「医療ADR」が開設・運用されている。医療ADRを活用するには相手方（医療機関側）の応諾が要件とされているため、相手方の理解がないと手続が進行しない。申立手数料1万円、期日ごとに各当事者から5,000円の支払いが必要であり、和解・仲裁が成立すると成立手数料の支払いを求められる。医療経験のある者があっせん人を務めるなど公正・公平で能力のある者が配置されるならば、この手続が市民の理解を得る制度として定着する可能性は高く、訴訟に代る有益な解決制度となることが期待される。

⑩ 弁護士の活用

1　弁護士活用の必要性

　弁護士の活用は、これからの病院経営にとって不可欠な要素となる。

　病院は一般の企業と同じく、いやそれ以上に、コンプライアンス（法令順守）が求められる。

　医療をめぐる法令の数は相当の質量になる。患者との関係だけではなく、勤務医、看護師との労働問題と労災問題やリース会社、金融機関との金融問題、納税、課税等の税務問題、病院敷地・建物との法律関係等である。しかもそのすべてが直接・間接に医療の安全に直結しているのである。

　現在、弁護士数は、法科大学院の誕生と法曹人口の大幅な増員という国家の政策によって、増加の一途をたどっている。以前と比較すると、病院側が弁護士を顧問弁護士として迎える状況は、かなり改善している。問題は、弁護士をどう活用するかにある。

2　顧問弁護士の選任

　では、どうしたら適切な顧問弁護士を選任できるのか。弁護士にもそれぞれ専門分野があるが、医療側にとって有能な弁護士は、どう探せば良いのだろうか。

　病院の顧問弁護士の選任に際しては、まず医療関係者（医師会）や医学部（医科大学）への問い合わせ、インターネットや損保会社からの紹介等を通して面接し、しばらくは個別案件で依頼するなどして相互の信頼関係を築いていくべきである。顧問弁護士は事務局（長）との信頼関係の構築が大切といえる。

　ただし、ここで注意したい点が1つある。顧問弁護士は、医療事故・紛争に際して、直接、患者・家族と交渉することは原則として差し控えなければならない。なぜなら、損保会社の保険金を支払うような示談交渉や裁判の代理人は、損保会社が指定する弁護士が行う約款になっているからである。損保会社の了解を得ずに、勝手に示談した場合や裁判を行ったときは、たとえ病院の顧問弁護士が担当したとしても、保険金の交付を受けられず、結局は自己負担となってしまうことがあるので注意すべきである。

　裁判手続については、専門の教科書を読んでもらうことになるが、事務局（長）のレベルで知っておいて欲しい最小限のレベルでの訴訟の概要は第5章・第6章で述べる。

問題 以下の選択肢のうち、正しいのはどれか。

〔選択肢〕

①死因が特定されない限り、医師は死亡診断書を作成・交付することはできない。

②死因究明のためには解剖が有益であるが、これには司法解剖・行政解剖・病理解剖がある。

③死亡原因の説明は、患者が死亡している以上、遺族からの請求があっても法律上の義務とはされていない。

④異状死届出義務(医師法21条)に違反しても、罰則は定められていない。これは応招義務(医師法19条)に違反した場合と同じである。

⑤死亡に際して、医療事故調査・支援センターに届出をした場合には、警察に対する異状死届出をしなくともよい。

解答　②

解説

①×：死亡診断書の死因欄には「死因不明」という記載欄がある。

②○：これ以外に、解剖ではないが、画像診断という手法もある。

③×：死因の説明義務は法的な義務であって、遺族にはこの説明請求権がある。

④×：異状死届出義務に違反すると50万円の罰金に処せられる（医師法21条、33条の2第1号）。応招義務に違反しても罰金に処せられることはない。

⑤×：医療事故調査・支援センターに届出をする制度は、医療法の改正によって認められたものであるが（医療法6条の10から6条の27）、異状死届出義務はそのまま存置されている。

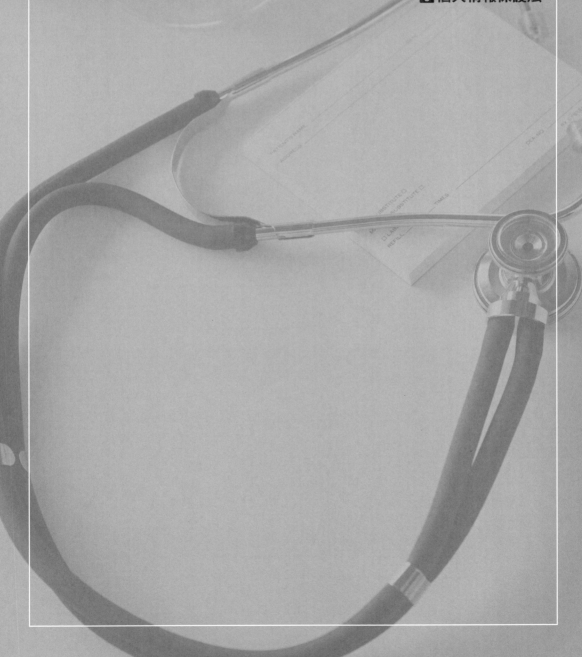

第4章

個人情報（保護・開示）と医療

 守秘義務
 守秘の権利と免責要件
 個人情報保護法

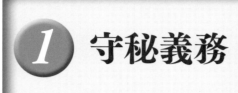

守秘義務

1 プライバシー保護

　疾病者である患者の気持ちを考えるとき、通常の人はもとより、特に社会的地位のある人にとっては、自分の病気のことは人に知られたくないのが一般的である。

　この気持ちはプライバシーの権利として、憲法13条、民法709条（人格権）、医療法1条の2（個人の尊厳の保持）、医療法1条の4（良質かつ適切な医療の提供）、判例によって、法律上の利益として確立している。

　医師、看護師らは患者の疾病情報をほぼ完全に把握している。したがって、この情報をみだりに漏らすことは、プライバシーの侵害となる。

　医療関係者が患者情報を漏らしてはならないことは倫理上の要請であることはもとより、法律上の義務であり、違反すると刑事罰の対象となる犯罪行為なのである。

　患者情報の守秘は信頼の基礎である。医師、看護師らの職業が専門職業人として存立する前提が、この守秘義務にある。

　今から2,300年以上前、ギリシャの医者ヒポクラテスは「患者の生について見聞したことは誰にも話さず、それについて話すことを恥ずべきことと考える」と述べている。

2 秘密漏示罪（刑法134条）

　刑法134条は次のように定める。

　「医師、薬剤師、医薬品販売業者、助産師、弁護士、弁護人、公証人またはこれらの職にあった者が、正当な理由がないのにその業務上取り扱ったことについて知り得た人の秘密を漏らしたときは6ヶ月以下の懲役または10万円以下の罰金に処する」

　この罪は、告訴がなければ公訴を提起することができない親告罪である（刑法135条）。

3 特別法

　守秘義務は、以下に述べるように特別法によって医療関係者に拡大されている。

▎（1）保健師助産師看護師法（保助看法）（42条の2）

保健師、看護師または准看護師は正当な理由がなく、その業務上知り得た人の秘密を漏らしてはならない。保健師、看護師または准看護師でなくなった後においても同様とする。

（罰則）6ヶ月以下の懲役または10万円以下の罰金

▎（2）保健師助産師看護師法（保助看法）（44条の3）

但し、親告罪（以下同じ）

他にも、診療放射線技師法、臨床工学技師法、理学療法士及び作業療法士法、義肢装具士法、救急救命士法……等々、各医療関係者の守秘義務が法令で定められている※。

※各医療関係者の守秘義務は、以下の法令で定められている。
　診療放射線技師法29条、（罰則）50万円以下の罰金（35条）、ただし親告罪
　臨床工学技士法40条、（罰則）前同47条、ただし親告罪
　臨床検査技師法19条、（罰則）前同23条、ただし親告罪
　理学療法士及び作業療法士法16条、（罰則）前同21条、ただし親告罪
　義肢装具士法40条、（罰則）前同47条、ただし親告罪
　救急救命士法47条、（罰則）前同54条、ただし親告罪
　言語聴覚士法44条、（罰則）前同50条、ただし親告罪
　視能訓練士法19条、（罰則）前同23条、ただし親告罪
　あはき師法（あん摩マッサージ指圧師、はり師、きゅう師等に関する法律）7条の2、（罰則）前同13条の7、ただし親告罪
　柔道整復師法17条の2　（罰則）前同29条、ただし親告罪
　社会福祉士及び介護福祉士法46条、（罰則）1年以下の懲役又は30万円以下の罰金（50条）、ただし親告罪
　精神保健福祉士法40条、（罰則）前同44条、ただし親告罪
　精神保健法53条、（罰則）1年以下の懲役又は100万円以下の罰金、ただし親告罪
　児童福祉法61条、児童相談所の職員等、（罰則）1年以下の懲役又は50万円以下の罰金、ただし親告罪
　児童虐待防止法7条（通知者の秘匿義務）　（罰則なし）

② 守秘の権利と免責要件

1　守秘の権利──証言拒絶権

　守秘は義務であるばかりでなく、権利の側面を有する。すなわち、国家の司法手続における証言拒否権が認められているのである。

（1）刑事訴訟法（149条）

　医師、歯科医師、助産師、看護師、弁護士、弁理士、公証人、宗教の職に在る者またはこれらの職にあった者は業務委託を受けたため知り得た事実で他人の秘密に関するものについては、（法廷における証言を：筆者注釈）拒絶する権利がある。

（2）民事訴訟法（197条）

　医師、歯科医師、薬剤師、医薬品販売業者、助産師、弁護士、弁理士、弁護人、公証人、宗教、祈祷若しくは祭祀の職にある者、またはこれらの職にあった者が職務上知り得た事実で黙秘すべきものについて尋問を受ける場合、（法廷における：筆者注釈）証言を拒絶する権利がある。

　医療関係者は、憲法上保障されている患者のプライバシーの権利を守る職責を有する者として、上記のような法律上の特権が与えられているのであるから、そうした高度に倫理的な職業に従事している専門職業人としての自覚を持ち、決して秘密を漏らすことのないよう、深く自覚しなければならない。

2　守秘義務の免責要件──正当理由

　刑法134条には「正当な理由なく」との文言がある。つまり正当の理由があれば、守秘義務は免責されるのである。どのような事由がこれにあたるのかについて、次の情報公開法の解説の時に述べる。

③ 個人情報保護法

1 個人情報保護法

2003（平成15）年に個人情報保護法が制定され、医療もこの法律の適用を受けることとなった。情報の安全管理の基本法であるから、十分な理解が必要である。

同法の主要な目的は、自己決定権・医療の適切な選択（医療法1条）と、情報コントロール権の確保、つまり私事をみだりに公開されない権利、私事に関する情報をみだりに収集されず、みだりに利用されず、みだりに第三者に伝達されないことの保障にある。

なお、個人情報とは、生存する患者、病院職員等で、特定の個人を識別する情報である。情報が匿名化されたものは除かれる。

2 医療機関における情報管理の責任

個人情報取扱業者である医療機関もしくは開業医は、以下に述べる個人情報保護法の規定により、情報管理の責任を負う。

（1）利用目的の特定義務（15条）

カルテの利用目的は、以下のように特定される。

　①治療目的
　②診療報酬目的
　③医療事務の管理目的
　④医療統計の目的
　　（ア）外来数、男女比、疾病別、年齢別等
　　（イ）入院数、在院日数等
　　（ウ）その他
　⑤行政に対する報告、調査
　⑥症例研究会、学術発表、論文作成
　⑦死因の究明と解剖

（2）目的外利用の禁止（16条）

　前記①〜⑦以外の利用、例えば、病院案内や検診のおすすめ案内、寄付依頼、年賀状やその他の挨拶書面等の発送資料としてカルテを利用することは、目的外利用となる。製薬会社、介護住宅へのリフォーム工事を行う建設会社、介護事業者、葬祭業者、弁護士、政党や政治団体等への情報提供も同様である。

（3）適正手続（17条）の保障

（4）利用目的の通知義務（18条）

（5）同意なき第三者にカルテ等の提供禁止（23条）

（例外）

①法令に基づく場合

②人の生命、身体又は財産の保護のために必要がある場合であって、本人の同意を得ることが困難であるとき

③公衆衛生の向上又は児童の健全な育成の推進のために特に必要がある場合であって、本人の同意を得ることが困難であるとき

④国の機関若しくは地方公共団体又はその委託を受けた者が法令の定める事務を遂行することに対して協力する必要がある場合であって、本人の同意を得ることにより当該事務の遂行に支障を及ぼすおそれがあるとき

（6）個人情報（カルテ）の開示義務（25条）

　カルテの開示請求のあった時は、開示義務が生じる。しかし、次の場合には開示を拒否することができる。

〔開示規制〕

①本人又は第三者の生命、身体、財産その他の権利利益を害するおそれがある場合

②当該個人情報取扱事業者の業務の適正な実施に著しい支障を及ぼすおそれがある場合

③他の法令に違反することとなる場合

3　診療情報・カルテ開示の歴史

　以前は、患者はカルテの所持者である医師ないしは医療機関に対してカルテの開示請求権を有するのかという議論があった。カルテ（看護記録）は、医師法によって作成が義務付けられているが、本人からの開示請求について、それを「権利」として認めるか否かについては争いがあったのである。カルテを開示するか否かは医師の裁量に属する事柄であるとの考えも有力であった。

　しかし、従来の裁判所の実務でも、患者からの証拠保全手続（民訴法234条以下）はほとんど例外なく認められており、今日では個人情報保護法の制定により、この議論は法律的には解決されている。

4 個人情報保護法の改正

個人情報保護法は、2015（平成27）年の改正により、次の5つの概念が新設された。

（1）個人識別符号（2条2項）

個人の識別の手法は技術の発達により様々となった。究極の識別情報は遺伝子であり、現在では犯罪立証の手段として遺伝子情報は不可欠なものである。指紋・声紋・虹彩・顔貌・血管走行等々が個別識別手法として広く用いられている。これら特定の個人の身体の一部の特徴を電子計算機の用に供するためにデジタルデータ化したものを個人識別符号として法の対象とした。その他、パスポート番号、年金番号、免許証番号、住民基本台帳番号、個人識別番号（マイナンバー）、健康保険番号等々、われわれの生活で用いられる番号も個人識別符号となる。

（2）要配慮個人情報（2条3項）

人種、信条、社会的身分、病歴、犯罪歴、身体や精神障害等々は、特にプライバシーの保護との関係や差別助長のおそれ等、秘匿すべき個人情報とされていたが、これも個人情報として法の下に置くこととした。

（3）匿名加工情報（2条9項）

パーソナルデータを利用・活用することは社会全体の利益増進に資することとなる。しかし、ここで個人が識別されることは、個人の利益を害することにもつながる。そこで、個人を識別することができないように処理したものを匿名加工情報として法の対象とした。また、この処理業者を匿名加工医療情報作成事業者または医療情報等取扱受託事業者として管理することとした（36条〜39条）。

医療の分野では、全国の患者情報をデータベース化することで医療の発展に寄与する必要があり、医療分野の研究開発に資するための匿名加工医療情報に関する法律が施行されているところである（この法律は、医療ビッグデータ法や次世代医療基盤法とも呼ばれる）。

（4）権利性の確認

個人には従来より、①情報開示請求（28条）、②情報訂正請求（29条）、③情報利用停止請求（30条）が認められていたが、この請求権が裁判上行使できるものか否かについては明らかではなかった。しかし2015（平成27）年の改正によって、これらの権利がすべて裁判所に訴えを提起できるものであることが明確にされた。

▍(5)個人情報保護委員会の新設（40条〜44条）

　個人情報取扱事業者、匿名加工情報取扱事業者に対する監督は、個人情報保護委員会の一元的管理によることとなった。事業所管大臣は、所管する事業者が個人情報について不適正な取り扱いを発見したときには、個人情報保護委員会に適切な措置を取ることを求めることとなり（45条）、この委員会の役割は極めて重要なものとされた。

以下の選択肢のうち、正しいのはどれか。

〔選択肢〕

①守秘義務違反は刑法上の犯罪となるが、倫理上はともかくとして、看護師に法律上の守秘義務はない。

②医師は、裁判所において、民事上あるいは刑事上の証人として、その職務に関連して証言を求められたときには証言をしなければならず、この場合、守秘義務違反は一切問われることはない。

③医療機関は公的な職務だから、個人情報保護法は適用されない。

④患者の医療情報を匿名加工情報としてデータベース化して活用することは、許容されている。

⑤個人情報には、遺伝子・指紋・声紋・虹彩等々多種のものがあるが、これらは個人情報保護法の対象とはされない。

解答　④

解説

①×：刑法134条は、医師・助産師・薬剤師・医薬品販売業者等の一定の職業人に守秘義務を課し、看護師は明記されていない。しかし、保健師助産師看護師法によって守秘義務がある（第42条の2、第44条の4）。こうした特別法によって看護師以外の医療関係者にも広く守秘義務が認められている。

②×：医師は、たとえ裁判官からの質問であっても証言を拒否することができる（民事訴訟法197条、刑事訴訟法149条）。

③×：医療機関であっても個人情報保護法の適用を受ける。

④○：個人情報保護法の改正によって、匿名情報についての定めが明記された。

⑤×：個人情報保護法の改正によって、このような個人識別情報も法の対象とされた。

第5章

民事訴訟手続

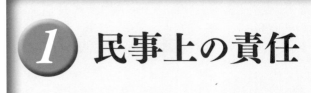

1　民事上の責任

1　民事上の責任追及の根拠

まず、民事訴訟手続を説明していく前提として、医療機関がどのような民事上の責任を負うのか、その判断基準を明らかにしておく必要がある。

民事上の責任とは、医療機関側の過失によって患者が損害を被ったとして、医療機関が患者側にその損害の賠償責任を負うことをいう。

患者側が医療機関側に対し、民事上の責任を追及してくる根拠としては、2つの法的構成がある。それは、①診療契約に基づく債務不履行責任構成、②不法行為責任構成——である。

2　診療契約に基づく債務不履行責任

診療契約に基づく債務不履行責任構成とは、民法415条に基づくものである。

民法415条は「債務者がその債務の本旨に従った履行をしないときは、債権者はこれによって生じた損害の賠償を請求することができる。債務者の責めに帰すべき事由によって履行をすることができなくなったときも、同様とする」と定めている。

3　不法行為責任

不法行為責任は、民法709条・715条等の条文に基づくものである。

民法709条は「故意又は過失によって他人の権利又は法律上保護される利益を侵害した者は、これによって生じた損害を賠償する責任を負う」と定めている。

民法715条は使用者の責任を定めた条文であり、その第1項で「ある事業のために他人を使用する者は、被用者がその事業の執行について第三者に加えた損害を賠償する責任を負う。ただし、使用者が被用者の選任及びその事業の監督について相当の注意をしたとき、又は相当の注意をしても損害が生ずべきであったときは、この限りでない」と定めている。

この不法行為責任構成の場合、個人開業医であれば通常、患者側は民法709条による医師個人の過失を主張し、医療法人等の勤務医であれば、その勤務医の過失を前提とし、医

療機関の監督義務違反を追及するという形で民法715条に基づいて使用者責任を追及してくる。この場合、病院と併せて勤務医個人も被告として訴えてくることがある。

4 実務における民事上の責任追及

　債務不履行構成と不法行為構成については、時効期間の点や立証責任の点で違いが生じるが、実務においては「不法行為又は債務不履行により」という形で、両者を包括的に考えていることが一般的である。

5 民事上の責任の判断基準

　前述のいずれの構成を採るにしても、民事上の責任があるかないかの判断の基準となるのが、問題となった医療行為に過失が存在するかどうかということである。
　また、過失が認められたとしても過失と損害との間に因果関係がない場合には、民事上の責任を負わない。この因果関係は、民事上の責任の存否を判断するに当たり、過失の有無に並ぶ重要な基準である。以下、過失の存否の問題と因果関係の問題について、説明していく。

6 過失の存否

▌(1)過失の内容

　まず、過失の内容はどのようなものをいうのか。
　一般的に、過失の内容は「注意義務違反」とされている。注意義務とは、一般的に「予見義務」と「結果回避義務」をいい、この義務に違反することを「注意義務違反」という。
　予見義務とは、結果を予見することができたかということ（予見可能性）を前提に、結果を予見すべきとされる場合をいう。
　また、結果回避義務というのは、結果を回避することができたかということ（結果回避可能性）を前提に、結果を回避すべき場合をいう。

▌(2)過失の判断要素

　次に、過失の内容である注意義務の存否はどのような基準で判断されるのか。
　最高裁の判例で、注意義務の基準は、診療当時の「臨床医学の実践における医療水準」であるとされている。
　簡単にいうと、問題となった医療行為を行った医師と同じ立場に置かれたときの一般的

な医師のレベルを基準に判断される。最高裁の判例は「医療水準の認定は、当該医療機関の性格、所在地域の環境の特性等の諸般の事情を考慮すべきであって、医療水準を一律に考えることは妥当でない」と判示している。

　例えば、大学病院や地域の基幹病院の場合、高度な注意義務が要求されるのに対し、町の小規模な診療所などでは、医療水準に沿った医療行為ができないと判断した場合は、それができる医療機関に転送する義務が要求されるといったことが具体例として挙げられる。

7　因果関係の有無

(1)因果関係の判断要素

　次に、因果関係について説明をする。

　前述したように、民事上の責任が認められるためには、過失が認められても、因果関係が認められなければならない。

　医療事件における因果関係の証明については、最高裁1975（昭和50）年10月24日判例によって、「一点の疑義も許されない自然科学的証明ではなく、経験則に照らして全証拠を総合検討し、特定の事実が特定の結果発生を招来した関係を是認しうる高度の蓋然性を証明することであり、その判定は、通常人が疑を差しはさまない程度に真実性の確信を持ちうるものであることを必要とし、かつ、それでも足りるものである」と判示されている。

(2)因果関係の判断における困難性の違い

　医療過誤事件は、大きく2つのタイプに分けられる。

　1つは、積極的な医療行為によって、患者に損害が生じた場合であり、もう1つは、もともと何らかの疾患を有している患者に対し、適切な医療行為がなされなかったことによって患者に損害が生じた場合である。便宜上、前者を「作為型」、後者を「不作為型」という。

　上記判例の基準を基礎としても、この2つのタイプの医療事件では、因果関係の判断の困難性に違いが生じてくることもある。

　作為型の医療事故の場合は、患者になされた具体的な医療行為と損害との間の因果関係が問題となる。

　一方、不作為型の場合、医療行為を実施しなかったことと損害との間の因果関係が問題となる。医師が疾患を有する患者に対し、その疾患に対応した医療行為を行っていたと仮定して、そこから発生した損害を考え、実際に生じた損害との違いを対比することによって、因果関係を判断することになる。

　このように不作為型には仮定的な要素が含まれているため、作為型の場合に比べて、その因果関係の判断が困難な場合が多くなる。

民事裁判手続① 証拠保全

1 民事訴訟手続の流れ

民事訴訟手続の流れを大まかに述べると、**表5－1**のようになる。

表5－1 **民事訴訟手続の流れ**

1	証拠保全
2	訴え提起の準備（説明会、医療事故調査委員会の設置の申出）
3	訴え提起前の交渉（示談、調停等）
4	訴えの提起
5	争点整理（文書提出命令等）
6	証拠調べ（人証調べ、鑑定等）
7	訴訟の終結（訴訟上の和解、判決等）
8	上訴（控訴、上告）

2 証拠保全の必要性とその機能

　医療事件の証拠保全としては、損害額が非常に低額である場合や医療機関側で損害を認めている場合等の例外的な場合を除き、通常、訴訟提起に当たって、証拠保全が行われる。

　本来であれば、証拠調べは、訴えが提起され、患者が主張する事実や法的構成などの整理の後に行われるものである。

　しかし、医療事件においては、診療録等の証拠が医療機関側に偏っており、患者側は証拠保全を行わなければ、証拠をチェックすることができず、訴訟を提起すべきかどうかという判断ができない。このことから、訴え提起前に証拠保全をすることが認められるのである。

　この証拠保全は、患者側が証拠を保全するために認められるものであるが、証拠保全手続によって患者側は証拠の内容を知ることができることになり、証拠の開示機能も有しているといわれている。

3　証拠保全の要件

（1）証拠保全の申立てまで

　証拠保全の手続は、「裁判所は、あらかじめ証拠調べをしておかなければその証拠を使用することが困難となる事情があると認めるときは、申立てにより、この章の規定に従い、証拠調べをすることができる」と定める（民事訴訟法234条以下）。

　つまり、「あらかじめ証拠調べをしておかなければその証拠を使用することが困難となる事情」（保全の必要性）が疎明されなければ証拠保全手続は開始されないのである（民事訴訟規則153条3項）。

　疎明とは、一応確からしいといえる程度に明らかにすることをいう。現状では、証拠保全の申立ての8～9割が認められているようである。

（2）証拠保全決定後

　裁判所が証拠保全の申立てを認めた場合、証拠保全決定が出される。

　この証拠保全決定は、医療機関側に告知されなければならない（民事訴訟法119条）。

　しかし、医療機関側にカルテ等の改ざんをする時間的余裕をできる限り与えないようにし、証拠保全の実効性を担保するため、証拠保全がなされる直前またはなされると同時に、証拠保全の決定書が医療機関側に交付されることによって、告知されている。

　実務では通常、証拠保全手続が開始される1時間前くらいに証拠保全の決定書が送達されることが多い。これを拒絶することはできない。

　事務局担当者としては、証拠保全手続が取られたとき、どのように対応するのか学習しておく必要があるが、このことについては後述する。

4　医療機関側としてのメリット

　証拠保全は、患者側の証拠保全のために認められると先ほど述べたが、医療機関側にとっても一定のメリットはある。

　証拠保全というのは、訴訟の提起の前に、あらかじめ証拠の内容、特にカルテの内容を特定しておくことにその意義がある。したがって、医療機関側の責任を否定する方向の証拠が保全されることにもなったり、患者側が証拠を検討することにより訴え提起を断念することもあり得るのである。

　よって、証拠保全が一方的に病院側に不利な手続であるということはない。

5　カルテ等の改ざんについて

　医療機関がカルテの改ざん等の行為をしてしまうと、後々の訴訟によって、過失が推定されるなど、医療機関側が不利益を被ることもあるので、注意が必要である。

　実際に、カルテの改ざん等により、医療機関が不利益を被った判例もある[※]。

6　証拠保全の方法

　証拠保全の方法としては、裁判所によって異なる。その方法としては、患者側弁護士が病院にカメラマンを同行させカルテ等を写真に撮る方法、保全先の病院のコピー機を借り、コピーを取る方法、カルテを保管する方法などがあり、それぞれ併用される場合もある。

　患者側は、医療機関側にカルテの原本、コピーの交付を請求する権利まで持っているわけではないということには注意が必要である。

　近年は、電子カルテの普及により、電子カルテのプリントアウトという方法も増えてきている。

　証拠保全によって保全された証拠は、裁判所によって保管され、後に訴えが提起された場合、その訴訟で証拠として用いられることになる。

※仙台高裁1990年8月13日判決（「判例タイムズ745号」判例タイムズ社、206ページ）、東京地裁1994年3月30日判決（「判例時報1523号・106号」判例時報社）などが挙げられる。

③ 民事裁判手続②　訴え提起の準備〜交渉

1　訴え提起の準備

　患者側は、先に述べた証拠保全手続によって入手したカルテ等の診療録により、具体的な診療経過を把握し、訴訟を提起するか否か、訴訟を提起するとしてどのような主張をし、どのように立証していくかなどを検討することになる。

　そのなかで、患者側から説明会の開催や、医療事故調査委員会の設置を申し入れられることがある。

　この説明会は、患者側が後々の訴え提起に当たっての調査のため、医療機関側の説明を聞くということが主たる目的である。しかし、説明会で不誠実な態度や中途半端な説明に終始したような場合、余計に患者側の気持ちを逆立てたり、紛争がこじれることもあり得る。

　これらの要求は常に応じなければならないものではないが、協議の結果、説明会の開催に応じたり調査委員会の設置をしたときには、誠実な態度で臨み、慎重に対応すべきである。

2　訴え提起前の交渉（示談・調停など）

　医療事件に限らず、すべての紛争は訴訟による方法だけで解決されるのではない。訴訟を提起する前に、示談や調停により解決されることも少なくない。

　どちらも当事者の合意によって成立するという点では共通するが、以下に述べるような違いもある。

(1) 示　談

　示談とは、紛争を裁判によらずに当事者間によって解決する旨の契約のことをいう。法的には、民法上の和解ということになる。保険会社、弁護士の関与が不可欠である。

　前述したが、保険会社に連絡することなしに、勝手に示談すべきではない（36ページ参照）。

▌（2）調　停

　裁判官と民間人からなる調停委員が調停に当たることになる。訴訟に比べると費用が安くすみ、紛争解決までの時間も短いため、利用されることが少なくない。

　調停は、通常、当事者双方が調停委員のいる部屋に交互に入って、調停委員が当事者双方の意見を聞いていくという形が取られる。

　調停が成立し、当事者双方で合意がなされ、かかる合意が調書に記載されれば、確定判決と同一の効力が生じることになる（民事調停法16条）。確定判決と同一の効力とは、訴訟で判決を得たのと同じ効力があるということである。

　逆に、当事者双方の意見が対立し、調停での合意が成立しなかった場合、調停不成立ということなり（民事調停法14条）、訴訟に移行することになる。

▌（3）医事調停

　調停には、医療事件を対象とした医事調停というものもある。

　医事調停は、医療集中部などがある大都市の裁判所のみ設置されている。医事調停の場合、調停委員には医師の資格を有する者がなるため、争点の把握等が迅速かつ適切に行われることなり、通常の調停よりも迅速な解決が期待される。

▌（4）示談・調停になじむ事件となじまない事件

　もっとも、すべての医療事件で示談・調停がなされるわけではない。示談・調停になじむ事件、なじまない事件がある。

〔示談・調停になじむ医療事件〕
（1）示談・調停になじむ医療事件としては、まず、医療機関側の過失が明らかで、訴訟になった場合、医療機関側が敗訴する可能性が高い場合が挙げられる。なぜならば、医療機関側に明らかに過失が認められる場合、医療機関としては公開が原則とされる訴訟になる前に、紛争を解決したいと考えることもしばしばであるからだ。また、後述する刑事事件になった場合、示談が成立していることは医療機関側にとって有利な事情となることから、医療機関側としても示談・調停での紛争解決を図ろうとするためである。
（2）患者側からの損害賠償請求額が少額である場合も示談、調停になじむと考えられる。なぜならば、医療機関側としては、訴訟に発展した場合の解決までの時間と請求された金額のバランスを考慮して、請求金額が少額であれば支払いに応じ、早期に紛争解決を図りたいと考えることは少なくないからである。

〔示談・調停になじまない医療事件〕

（1）一方、示談・調停になじまない医療事件としては、前述のケースとは逆に、医療機関側の法的責任の存否が微妙な場合が挙げられる。医療機関側としては簡単に自己の責任を認めるわけにはいかないため、示談・調停で紛争解決を図るということは難しくなってくるからである。

（2）また、患者側の損害が大きく、医療機関に対する損害賠償請求の額が高額な場合も医療機関としては簡単に支払うこともできないため、示談・調停で紛争解決を図るということが難しくなってくる。

4 民事裁判手続③ 訴え提起

1 訴え提起の開始

　ここでは、前述した示談・調停が成立せず、患者が訴えを提起したことを前提に話を進める。

　まず、訴え提起は、原告である患者が訴状を裁判所に提出することによって開始される。

　裁判所は、原告が出した訴状を受理すると、訴状の副本と第１回口頭弁論期日が記載された呼出状などを被告である医療機関側に対して送達する。

　訴状の添付書類については、医療事件特有のルールがあるので、次で簡単に説明する。

2 医療事件についての証拠

▍（1）通常訴訟の場合

　医療事件ではない通常の訴訟の場合、原告側が提出する証拠は甲号証という。証拠の数によって、順次、甲１号証、甲２号証、甲３号証……といった形になる。

　一方、被告側が提出する証拠は、乙号証という。

　乙号証も、証拠の数によって、順次、乙１号証、乙２号証、乙３号証……といった形になる。これが通常の訴訟の場合である。

▍（2）医療事件の場合

　医療事件の場合も、原告が提出する証拠を甲号証、被告が提出する証拠を乙号証ということは通常の訴訟と変わらない。

　もっとも、甲、乙号証ともに、Ａ号証、Ｂ号証、Ｃ号証という分類がなされる。

　Ａ号証は、カルテ類などの診療経過に関する証拠をいう。

　Ｂ号証は、医療文献などの証拠をいう。

　Ｃ号証は、損害関係の証拠をいう。

　医療事件は複雑な訴訟になるため、このように証拠を分類することになっているのである。

3　診療科目別の医療事件数

診療科目別の医療事件数は**表5-2**のとおりである。

表5-2　医療関係訴訟事件（地裁）の診療科目別既済件数

診療科目＼年	2011 （平成23）	2012 （平成24）	2013 （平成25）	2014 （平成26）	2015 （平成27）	2016 （平成28）	2017 （平成29）
内　　　　科	181	164	177	188	178	170	181
小　児　科	19	22	10	9	13	8	10
精神科（神経科）	30	33	33	31	25	33	28
皮　膚　科	7	6	12	8	6	14	12
外　　　　科	123	145	124	114	121	114	112
整　形　外　科	93	99	90	95	95	87	100
形　成　外　科	24	24	29	28	28	25	30
泌　尿　器　科	15	18	24	13	17	11	8
産　婦　人　科	82	59	56	60	50	52	54
眼　　　　科	22	34	20	17	18	15	22
耳　鼻　咽　喉　科	9	19	6	8	10	14	8
歯　　　　科	76	86	78	89	88	91	88
麻　酔　科	8	9	2	6	4	6	9
そ　の　他	81	103	118	98	98	110	91
合　　　　計	770	821	779	764	751	750	753

上記表の数値は、各診療科における医療事故の起こりやすさを表すものではないので、注意されたい。
（注）　1　複数の診療科目に該当する場合は、そのうちの主要な一科目に計上している。
　　　　2　2017年の数値は、速報値である。

（最高裁判所ホームページから抜粋）

4　医療機関側からの答弁書提出

　原告が訴状を裁判所に提出し、裁判所に受理された場合、裁判所は訴状の副本を被告に対し送達することは先に述べた。

　訴状の副本等が被告に送達されたら、被告側としては、その訴状に対する答弁書を作成し、裁判所に提出することになる。

　被告が提出する答弁書は、原告の請求に対し、その請求を認めるか、争うかを表示するものである。争う場合には、原告の主張に対する反論等を記載する。

5　第1回口頭弁論期日までの争点整理

　医療事件は専門的な知識等を必要とし、紛争の内容も複雑なものとなる。そのため、裁判所としても第1回口頭弁論期日を充実したものとするべく、その前に、当事者から、訴訟の進行に関する意見その他訴訟の進行について、参考とすべき事項を聞くことができる（民事訴訟規則61条）。

　また、第1回口頭弁論期日における審理を充実させるため、争点の確認や証拠調べを行う時期についての審理計画を立てたり、医療事件のような専門技術的な知識・経験を有する事件については専門家を交えた議論を行うため、裁判所は進行協議期日を開くことができる（民事訴訟規則95条）。

　なお、この進行協議期日は、第1回口頭弁論期日前でなくとも、訴訟が進行している段階で行われることもある。

6　第1回口頭弁論期日

　第1回口頭弁論期日においては、原告が提出した訴状、被告が提出した答弁書が確認されることになる。

　被告が答弁書の提出をせず、第1回口頭弁論期日に出廷しなかった場合には、被告が敗訴する場合があるので注意が必要である。

7　証拠の収集——文書提出命令

▌（1）文書提出命令の意義

　相手方や第三者から証拠を収集する方法として、文書提出命令（民事訴訟法220条以下）がある。医療事件の場合、診療録等の証拠が医療機関側に存在しており、証拠が偏在していることは前述した。医療機関側が診療録等の任意の提出に応じればよいが、応じない場合に利用されるのが、文書提出命令である。

▌（2）文書提出命令申立ての要件

　文書提出命令の申立ては、①文書の表示、②文書の趣旨、③文書の所持者、④証明すべき事実、⑤文書の提出義務——の原因を明らかにして書面によってすると定められている

（民事訴訟法221条1項、民事訴訟規則140条1項）。

　⑤文書の提出義務の原因は、民事訴訟法220条によって以下のように定められている。

〔1号　当事者が訴訟において引用した文書を自ら所持するとき〕

　当事者が訴訟において、準備書面や陳述書等で引用した文書を自ら所持する場合に、相手方から文書提出命令を申立てられたら、提出しなければならない。

〔2号　挙証者が文書の所持者に対しその引渡し又は閲覧を求めることができるとき〕

　提出を求める文書によって証明を行う側が、文書の所持者に対し、引渡請求権や閲覧請求権を有する場合には、所持者は求めに応じ提出しなければならない。

〔3号　文書が挙証者の利益のために作成され、又は挙証者と文書の所持者との間の法律関係について作成されたとき〕

　3号については、前段と後段で分かれており、前段の「挙証者の利益のために作成された文書」とは、当該文書が挙証者の地位や権利を直接に証明し、または基礎付けるものであって、かつ、それを目的として作成されたものをいうというのが通説的な考え方である。これは、利益文書といわれる。具体的には、契約書や領収書などが該当する。

　後段の「挙証者と文書の所持者との間の法律関係について作成された」文書とは、訴訟以前に挙証者と所持者との間に存在した実体的法律関係それ自体、ないしそれに関連する事項を記載した文書であって、所持者が専ら自己使用を目的として作成した内部文書を含まないものをいうのが通説的な考え方である。多くの下級審裁判例も同様に解している。具体的には、契約書、預金通帳などが該当し、自己使用文書としては、日記、備忘録、議事録などが該当する。

〔4号　前3号に掲げる場合のほか、文書が次に掲げるもののいずれにも該当しないとき〕
（以下略）

　4号については、上記1号ないし3号と、その規定の仕方が異なる。
4号はおよそ文書一般について提出義務を認め、特定の場合に提出義務を解除するという構造を取っている。

■（3）文書提出命令の効果

　裁判所から文書提出命令が出されたのにもかかわらず、当事者が文書を提出しない場合、または、文書の使用を妨げる目的で当該文書を滅失等使用することができないようにしたときは、裁判所は、当該文書の記載に関する相手方の主張を認めることができることになる（民事訴訟法224条1項、2項）。

　また、第三者に文書提出命令が出されたのに、第三者がそれに従わない場合は過料の制裁が法律上規定されている（民事訴訟法225条）。

民事裁判手続④ 争点整理

1 争点整理の必要性とその方法

前述した通り、医療事件は高度の専門的知識と経験を要する複雑な訴訟になることが多くある。

そこで、裁判所としては、原告と被告それぞれの主張を整理し、当該医療事件について問題となる争点はどのような点にあるのかなど、事実関係を詳細に把握する必要が出てくる。争点をはっきりさせて、その争点についての証拠を調べていくことこそが、審理を充実させ、迅速に訴訟を進めていくことにつながるのである。

争点を明確にさせるために、先ほどの進行協議期日の他には、主に以下の3つの方法が準備されている。①準備的口頭弁論、②弁論準備手続、③書面による準備手続——である。

以下、簡単に説明する。

2 準備的口頭弁論（民事訴訟法164条）

■（1）準備的口頭弁論とは

準備的口頭弁論とは、口頭弁論を争点および証拠の整理の目的に利用する場合をいう。

準備的といえども、口頭弁論期日によって行うため、公開の法廷で行われる。社会的に注目を集める事件や、当事者や関係人が多数いる場合に用いられる。

■（2）準備的口頭弁論の終了

準備的口頭弁論が行われ争点整理が完了したとき、すなわち、証拠調べによって証明すべき事実が裁判所に明確になった時点で、裁判所は、準備的口頭弁論を終了するとの決定を行うことになる。

その際、裁判所は、その後の証拠調べにより証明すべき事実を当事者との間で確認する（民事訴訟法165条1項）。

なお、争点整理に対し当事者が非協力的な場合、具体的には当事者が期日に出頭しなかったり、提出期限に準備書面等を提出しないような場合には、裁判所は、準備的口頭弁論を

終了することができる(民事訴訟法166条)。

(3)準備的口頭弁論終了の効果

　準備的口頭弁論が終了した後に、新たな主張等の攻撃防御を主張した当事者は、相手方の求めがあるときは、準備的口頭弁論の終了前にこれを提出できなかった理由を説明しなければならない(民事訴訟法167条)。

　そして、説明を求められた当事者が、説明に応じなかったり、適切な説明をすることができなかったりするときには、相手方は、当該新たな主張等の攻撃防御方法の却下の申立て(民事訴訟法157条1項)をすることができるようになる。

3　弁論準備手続

(1)弁論準備手続とは

　弁論準備手続とは、口頭弁論期日外の期日において、争点及び証拠の整理を目的として行われる手続きである。

　この弁論準備手続は、前述の弁論準備期日とは異なり、公開の法廷で開かれる口頭弁論期日に行われるものではない。

　したがって、事案の性質上、必ずしも一般に公開するのが適切でない場合や、多数の証拠を整理したり、ビデオテープ等の内容を確認しながら機動的に争点整理を進める必要がある場合に利用される。

　公開の法廷で行われないことから、率直な意見交換ができ、争点整理も円滑に進むことが期待されている。

(2)弁論準備手続の開始

　裁判所は、争点整理の必要があるときは、事件を弁論準備手続に付すことができる。もっとも、弁論準備手続は、前述の準備的口頭弁論とは異なり、その手続内で行うことができる行為が限定されるので、当事者の意向を尊重する必要が出てくることになる。

　そこで、裁判所は弁論準備手続の開始を決定するに際し、当事者の意見を聞くことが必要とされている(民事訴訟法168条)。

(3)弁論準備手続の終了

　弁論準備手続も、前述の準備的口頭弁論と同様、裁判所は、その後の証拠調べにより証明すべき事実を当事者との間で確認することになる(民事訴訟法165条1項)。

　なお、争点整理に対し当事者が非協力的な場合、すなわち、当事者が期日に出頭しなかっ

たり、提出期限に準備書面等を提出しない場合には、裁判所は準備的口頭弁論を終了することができることも、準備的口頭弁論と同様である（民事訴訟法170条5項、同166条）。

　また、両当事者から弁論準備手続の取消しを求めている場合には、充実した争点整理が望めないため、裁判所はこれを取消さなればならない（民事訴訟法172条但書）。

■（4）弁論準備手続終了の効果

　弁論準備手続終了の効果は準備的口頭弁論と同様である。弁論準備手続が終了した後に新たな主張等の攻撃防御をした当事者は、相手方の求めがあるときは、弁論準備手続の終了前にこれを提出できなかった理由を説明しなければならない（民事訴訟法174条、167条）。

　そして、説明を求められた当事者が説明に応じなかったり、適切な説明をすることができなかったときには、当該新たな主張等の攻撃防御方法の却下の申立て（民事訴訟法157条1項）をすることができるようになる。

４ 書面による準備手続

■（1）書面による準備手続とは

　書面による準備手続とは、当事者の出頭なしに準備書面等の提出により争点及び証拠の整理をする手続をいう（民事訴訟法175条）。

　書面による準備手続は、当事者が出頭しなくても争点整理を可能とするものである。

　何らかの事情で当事者が期日に出頭することができない場合や出頭に相当の負担がかかる場合において、書面のやり取りと電話会議（補充的）の方法で意見交換を行うことにより、争点および証拠の整理をするのである。

■（2）書面による準備手続の開始

　書面による準備手続は、当事者が遠隔地に居住しているときやその他相当と認めるときに、裁判所が決定することにより開始される（民事訴訟法175条）。

　また、書面による準備手続の開始にあたっては、弁論準備手続同様、両当事者の意見を聞く必要がある。

■（3）書面による準備手続の終了

　裁判長等は、争点整理の目的が達せられたことにより、書面による準備手続を終了させるに当たり、相当と認めるときは、当事者に、この手続における争点等の整理の結果を要約した書面を提出させることができる。

　また、裁判所は、書面による準備手続終結後の口頭弁論期日において、その後の証拠調べによって、証明すべき事実を当事者との間で確認する(民事訴訟法177条)。

5　その他争点整理に資する制度──専門委員制度

　医療事件のような専門的な知識や見識が必要となってくる事件については、医学的知見について、医学文献の提出をしたり、協力医からの意見書の提出を求めたりする。

　しかし、医学文献の提出や、協力医の意見書の提出を求めることは、患者側にとっては難しいことがある。また、医療機関側でも同様のことがいえる場合もある。

　そこで、医学的知見についての審理を充実したものとするため、裁判官をサポートする役目の専門家を裁判に関与させることができるようになっている。

　これは2003(平成15)年の民事訴訟法改正によって認められたものである。

　改正前は証拠調べとしての鑑定が利用されていたが、これは証拠調べ段階で行われるものであるため、争点整理のために利用することはできなかった。また、釈明処分としての鑑定も利用されることがあったが、機動性に欠けるなどの不都合があった。

　そこで、専門委員制度が導入されたのである。この専門委員は、争点および証拠整理のみならず、証拠調べや和解の場面にも関与することができる。

　なお、この専門委員については、1点注意が必要である。

　専門委員は、専門的な知識・見識を有する者を裁判に関与させるものであり、鑑定人と似たように感じるかもしれない。しかし、専門委員は鑑定人と異なり、その意見が直接証拠とならないのである。専門委員の意見を証拠とするには、再度、専門委員の意見に沿う文献や協力医を探し出し、陳述書の形で裁判所に提出することになる。しかし、文献を調べたり、協力医を探し出すのに困難が伴うことが多い。

6 民事裁判手続⑤ 証拠調べ

1 総論

　証拠調べとしては、人証調べ、鑑定が主として行われる。

　鑑定は、証人尋問を終えて裁判所の心証がまだ形成されていない場合に実施されることが多い。近年は、裁判所と大学の連携により、鑑定人協議会が設置され、鑑定人の選任や鑑定書の作成までを迅速に行うことができるようになっている。また、大都市などの裁判所では、カンファレンス鑑定という、複数の医師が口頭で意見を述べる形で鑑定を実施することも行われている。

　以下、人証調べ、鑑定について説明する。

2 人証調べ（証人尋問）

　医療事件では、集中証拠調べという方式が行われている。集中証拠調べとは、複数の医師や関係者を尋問する場合も、1日で行う証拠調べの方式をいう。

　これにより、審理が長期化しがちな医療事件における審理の迅速化を図ろうとしているのである。

　集中証拠調べを行うために、陳述書が多用されているのが現状である。

　すなわち、争点を中心とした陳述書を作成し、主尋問で聞こうとする事項のみならず、反対尋問で聞きたい事項を事前に伝えておいた上で、その事項についても陳述書の中で記載するというような工夫がなされている。

3 鑑定

　鑑定は、裁判官の判断能力を補充する目的で、特別の学識経験を有する第三者（鑑定人）に、経験則または新たに経験した事実認識を報告させることをいう（民事訴訟法212条以下）。

　医療訴訟における鑑定は、患者を検査した結果などに基づき、その患者を診療したときの医療水準によれば、どのような診断をすべきであったかということを鑑定人に報告させ

ることになる。

　鑑定の方式としては、アンケートによる鑑定の方法、書面による複数鑑定、前述したカンファレンス鑑定などがある。

　アンケート鑑定とは、複数の鑑定人にアンケートを提出し、回答をもらうというものである。

　カンファレンス鑑定は、東京地裁で積極的に行われている鑑定方法で、数人の鑑定人が口頭で意見を述べ、議論を行うというものである。複数の鑑定人が議論をすることにより、鑑定結果の信頼性、客観性が担保されている。

　書面による複数鑑定とは、通常3人の鑑定人がそれぞれ独立に鑑定書を作成し提出する方法と、共同して1通の鑑定書を作成し提出する方法がある。

　どの方法を採用するかは、事案に即して判断されていくことになろう。

7 民事裁判手続⑥ 訴訟の終結

　これまで見てきたように、訴え提起から、争点整理、証拠調べを行ってきて、当事者の主張立証が尽きたと裁判所が判断すれば、裁判所は審理を終結し判決することとなる（民事訴訟法243条1項）。

　医療事件は和解で終了することも少なくない。

　実際、裁判所も当事者に和解による解決を試みる場合が度々ある。裁判所の和解勧告は、訴訟のどの段階でも行うことができる。証拠調べが終了した段階でも、裁判所は和解勧告を行うことができるのである。

　もちろん、当事者側から和解による解決を希望するとの意思表明がなされることもある。

　和解を希望する当事者の考えとしては、早く賠償金を得たい場合もあろうし、早く紛争を解決したい場合もある。

　さらには、口頭弁論期日等での裁判所の対応を見ていて、どちらかに不利な判決が予想される場合に、判決で出される賠償額よりも、事前に低い金額を提示し、その金額で多額の損害賠償判決を回避するという場合もある。

1 通常訴訟と医療事件の原告の勝訴率

　以下に、参考として原告の勝訴率を紹介する（**表5－3**）。医療訴訟の認容率の低さは変わらないのが現状である。

表5－3　地裁民事第一審通常訴訟事件・医療関係訴訟事件の認容率（%）

年 ＼ 種類	地裁民事第一審通常訴訟事件	地裁民事第一審通常訴訟事件のうち人証調べ実施率	医療関係訴訟事件
1999（平成11）	86.1	69.9	30.4
2000（平成12）	85.2	68.7	46.9
2001（平成13）	85.3	68.7	38.3
2002（平成14）	84.9	68.2	38.6
2003（平成15）	85.2	68.7	44.3
2004（平成16）	84.1	67.4	39.5

2005（平成17）	83.4	65.4	37.6
2006（平成18）	82.4	63.5	35.1
2007（平成19）	83.5	63.8	37.8
2008（平成20）	84.2	62.4	26.7
2009（平成21）	85.3	62.5	25.3
2010（平成22）	87.6	62.3	20.2
2011（平成23）	84.8	62.5	25.4
2012（平成24）	84.4	62.5	22.6
2013（平成25）	83.6	62.2	24.7
2014（平成26）	83.7	62.2	20.4
2015（平成27）	83.3	60.6	20.6
2016（平成28）	80.0	61.5	17.6
2017（平成29）	84.9	61.4	20.5
2018（平成30）	85.5	61.4	18.5

（注）
1　認容率とは、判決総数に対して認容（一部認容を含む。）件数の占める割合である。
2　地裁民事第一審通常訴訟事件は、地方裁判所の医事関係訴訟事件も含む。
3　医療関係訴訟事件の認容率は、2004年までは地方裁判所及び簡易裁判所の事件、2005年以降は地方裁判所の事件をそれぞれ基礎としている。
4　本表の基礎となる事件数のうち、2004年までの医事関係訴訟の事件数は、各庁からの報告に基づくものであり、概数である。
5　2018年の数値は、速報値である。

（最高裁判所ホームページから抜粋）

2　医療関係訴訟事件の処理状況と審理期間

　医療関係訴訟事件の処理状況と審理期間については、**表5－4**のようになっている。1999（平成11）年から2018（平成30）年の間で、審理期間が11ヶ月も短縮されているのが特徴的である。

表5－4　医療関係訴訟事件の処理状況及び平均審理期間

年	新規件数	既済件数	平均審理期間
1999（平成11）	678	569	34.5ヶ月
2000（平成12）	795	691	35.6ヶ月
2001（平成13）	824	722	32.6ヶ月
2002（平成14）	906	869	30.9ヶ月
2003（平成15）	1,003	1,035	27.7ヶ月
2004（平成16）	1,110	1,004	27.3ヶ月
2005（平成17）	999	1,062	26.9ヶ月
2006（平成18）	913	1,139	25.1ヶ月
2007（平成19）	944	1,027	23.6ヶ月
2008（平成20）	876	986	24.0ヶ月
2009（平成21）	732	952	25.2ヶ月
2010（平成22）	790	921	24.4ヶ月
2011（平成23）	770	801	25.1ヶ月

2012（平成24）	788	844	24.5ヶ月
2013（平成25）	802	803	23.3ヶ月
2014（平成26）	864	793	22.6ヶ月
2015（平成27）	830	787	22.8ヶ月
2016（平成28）	862	790	23.2ヶ月
2017（平成29）	839	779	24.3ヶ月
2018（平成30）	785	803	23.5ヶ月

（注）
1　医事関係訴訟事件には、地方裁判所及び簡易裁判所の事件が含まれる。
2　本表の数値のうち、2004年までの数値は、各庁からの報告に基づくものであり、概数である。
3　平均審理期間は、各年度の既済事件のものである。
4　2018年の数値は、速報値である。

（最高裁判所ホームページから抜粋）

3　医療関係訴訟事件の終局区分の割合

　医療関係訴訟事件の終局区分の割合は**表5－5**のとおりである。

　2018（平成30）年の既済件数803件のうち、和解が421件（52.4％）となり、前々年、前年に続いて50％以上となっている。判決は、2018（平成30）年は253件（31.5％）で、前年に比べ、1.1ポイント減少している。

表5－5　医療関係訴訟事件の終局区分別既済件数と割合

年		判決	和解	請求の放棄	請求の認諾	取下	その他	計
1999（平成11）	件数（件）	230	267	4	0	37	31	569
	割合（％）	40.4	46.9	0.7	0.0	6.5	5.4	100.0
2000（平成12）	件数（件）	305	317	0	0	40	29	691
	割合（％）	44.1	45.9	0.0	0.0	5.8	4.2	100.0
2001（平成13）	件数（件）	334	318	1	0	31	38	722
	割合（％）	46.3	44.0	0.1	0.0	4.3	5.3	100.0
2002（平成14）	件数（件）	386	381	1	0	63	38	869
	割合（％）	44.4	43.8	0.1	0.0	7.2	4.4	100.0
2003（平成15）	件数（件）	406	508	4	3	47	67	1,035
	割合（％）	39.2	49.1	0.4	0.3	4.5	6.5	100.0
2004（平成16）	件数（件）	405	463	2	0	49	85	1,004
	割合（％）	40.3	46.1	0.2	0.0	4.9	8.5	100.0
2005（平成17）	件数（件）	400	529	0	0	46	87	1,062
	割合（％）	37.7	49.8	0.0	0.0	4.3	8.2	100.0
2006（平成18）	件数（件）	402	607	1	1	50	78	1,139
	割合（％）	35.3	53.3	0.1	0.1	4.4	6.8	100.0
2007（平成19）	件数（件）	365	536	1	1	47	77	1,027
	割合（％）	35.5	52.2	0.1	0.1	4.6	7.5	100.0
2008（平成20）	件数（件）	371	493	3	0	40	79	986
	割合（％）	37.6	50.0	0.3	0.0	4.1	8.0	100.0

2009 （平成21）	件数（件）	366	473	2	0	38	73	952
	割合（%）	38.4	49.7	0.2	0.0	4.0	7.7	100.0
2010 （平成22）	件数（件）	324	488	3	1	51	54	921
	割合（%）	35.2	53.0	0.3	0.1	5.5	5.9	100.0
2011 （平成23）	件数（件）	294	406	5	0	31	65	801
	割合（%）	36.7	50.7	0.6	0.0	3.9	8.1	100.0
2012 （平成24）	件数（件）	319	433	3	0	34	55	844
	割合（%）	37.8	51.3	0.4	0.0	4.0	6.5	100.0
2013 （平成25）	件数（件）	305	398	2	0	30	68	803
	割合（%）	38.0	49.6	0.2	0.0	3.7	8.5	100.0
2014 （平成26）	件数（件）	280	372	2	0	58	81	793
	割合（%）	35.3	46.9	0.3	0.0	7.3	10.2	100.0
2015 （平成27）	件数（件）	282	387	2	3	32	81	787
	割合（%）	35.8	49.2	0.3	0.4	4.1	10.3	100.0
2016 （平成28）	件数（件）	269	404	4	1	44	68	790
	割合（%）	34.1	51.1	0.5	0.1	5.6	8.6	100.0
2017 （平成29）	件数（件）	254	424	4	0	27	70	779
	割合（%）	32.6	54.4	0.5	0.0	3.5	9.0	100.0
2018 （平成30）	件数（件）	253	421	2	1	37	89	803
	割合（%）	31.5	52.4	0.2	0.1	4.6	11.1	100.0

（注）
1　医事関係訴訟事件には、地方裁判所及び簡易裁判所の事件が含まれる。
2　本表の数値のうち、2004年までの数値は、各庁からの報告に基づくものであり、概数である。
3　2018年の数値は、速報値である。

（最高裁判所ホームページから抜粋）

4　上　訴（控訴、上告）

　裁判所によって終局判決がなされた場合、その判決に不服があるとき、当事者はその不服を申立てることができる。第一審判決に対しての不服は、控訴といい、第二審判決に対しての不服は上告という。

　控訴審は、控訴が申立てられると、訴訟が再開し継続するという建前になっていることから、事実認定を争うことができる。

　上告審は法律審と呼ばれており、事実認定は行われない。すなわち、上告審においては、医療機関側の過失の存否や因果関係の存否について、裁判所は判断しないことになる。

5　まとめ

　以上、説明してきたとおり、医療事件における民事裁判手続は、医療事件の専門性、複雑性により、通常訴訟との違いが生じてきている。

問題　以下の選択肢のうち、誤っているのはどれか。

〔選択肢〕

①医師の賠償責任の要件の1つとして、「医師に過失があること」があるが、これは患者側（原告）が、医師に過失があることを証明する責任があるのではなく、医師側（被告）が、過失がなかったことを証明する責任があるということである。

②患者は、診療契約の当事者である医療法人ばかりでなく、医療を担当した医師個人にも不法行為の要件があれば賠償を求めることができる。

③患者は、訴訟提起前であっても、カルテや各種の医療資料を証拠保全として調べることができる。

④訴訟外の解決手段として、法律によって認められるADR（裁判外紛争解決制度）がある。

⑤医療過誤訴訟は専門的知見が必要であるが、消滅時効制度の適用があり、被告によって期間が異なる。

確認問題

解答 ①

解説

① × ：過失の証明（立証）責任は原告である患者にある。

② ○ ：選択肢の通りである。

③ ○ ：証拠保全手続（民事訴訟法234条）によって、事前に証拠調べが可能である。

④ ○ ：医療ADRが、弁護士会などによって実施されている。

⑤ ○ ：契約責任は10年、不法行為責任は原則3年で消滅時効によって権利が消滅する。

第6章

刑事裁判手続

刑事上の責任

1　医療事故の刑事責任

　民事裁判に比べて数は少ないものの、医療事故は刑事責任を問われることにもなり得る。

　医療事故の場合、業務上過失致死傷罪(刑法211条1項)の刑事責任の成否が中心に争われる。刑法211条1項は、「業務上必要な注意を怠り、よって人を死傷させた者は、5年以下の懲役若しくは禁錮又は100万円以下の罰金に処する」と定める。

　医療行為は患者の身体を傷つけることになり、刑法上、傷害罪に問われることにもなりかねない。しかし、刑法35条によって「法令又は正当な業務による行為は、罰しない」と規定されており、一般的な医療行為はこの規定により刑事責任を問われないのである。

2　刑事責任が問われる要件

　では、どのような場合に、医療過誤として刑事責任を問われるのか。

　まず、前提として、

(1)死亡や傷害の結果が発生する

ことが必要である。その他には、

(2)医師の過失行為

(3)医師の過失行為と死亡や傷害のとの結果との間の因果関係

(4)医師に結果発生についての予見可能性が認められること

(5)医師に結果回避可能性があったこと

という要件が必要となってくる。先ほど説明した民事上の責任でも同様の要件が問題となってくるが、刑事責任の方がより厳格に判断されることになる。

3　刑事裁判手続

　以下、刑事裁判手続の概要を述べる。刑事裁判手続は大きく捜査と公判とに分けられる。それをさらに細かく分類すると、**表6－1**のような流れになる。次節からそれぞれの概略を説明していく。

表6-1　**刑事裁判手続の流れ**

1　捜査の端緒
2　捜　査
3　事件受理
4　事件処理
5　終局処分（起訴、不起訴）
6　起訴の場合の公判請求、略式命令請求、即決裁判請求
7　裁　判
8　判　決

② 刑事裁判手続①　捜査の端緒〜事件処理

1　捜査の端緒

　捜査の端緒とは、捜査が開始される手掛かりのことをいう。捜査の端緒は様々あるが、法律に規定されているものには、職務質問、検視、告訴、自首、現行犯逮捕が挙げられる。

　医療事件においては、通常、患者本人やその家族による届出、第三者による告発、病院関係者による警察への異状死届出が、捜査の端緒となることが多い。

　捜査機関は、犯罪があると思われるときは、犯人と証拠を捜査することとなっている(刑事訴訟法189条2項)。

　ここでの捜査とは、犯罪があったと考えられるときに、罪を犯した疑いのある者を探索し、必要があればその身柄を確保し、その者に対する公訴の提起及び公判の維持に必要な証拠を集める捜査機関の活動のことをいう(刑事訴訟法189条2項)。

　このように捜査は公訴提起に向けられたものであるため、公訴提起前になされるのが原則である。もっとも、捜査は公訴提起前だけ行われるのだけではなく、公訴を維持するため、公訴提起後も補充的に捜査が行われることもある。

2　告訴、告発、被害届の違い

　捜査の端緒となるのは、告訴、告発、被害届の提出が多い。

　「告訴」とは、被害者その他、告訴権を有する一定の者が捜査機関に対して犯罪事実を申告し、犯人の処罰を求める意思表示のことをいう(刑事訴訟法230条)。

　「告発」とは、被害者その他告訴権を有する一定の者以外の第三者が、捜査機関に対し犯罪事実を申告し、犯人の処罰を求める意思表示のことをいう。「告訴」は、被害者と告訴権者しかできないが、「告発」は誰でもできる(刑事訴訟法239条1項)。

　一方、「被害届」は被った被害の申告であり、必ずしも犯人の処罰を求める意思表示とはいえないこともある。この点で、犯人の処罰を求める意思表示を含む「告訴」「告発」とは区別されるのである。

　もっとも、被害届が出されれば、捜査機関は所定の捜査を行わなければならない。

3　検察官の事件受理

検察官は、事件を受理した場合、犯罪の捜査を行うことになる。

事件受理の対応としては、司法警察員からの事件送致、司法警察員からの事件送付、直受、認知、再起などがある。

このうち、捜査の端緒として、告訴、告発、被害届の提出が多い医療事件の場合、「司法警察員からの事件送致」、「司法警察員からの事件送付」が、主な事件受理の対応である。以下で説明する。

■（1）司法警察員からの事件送致

司法警察員は、犯罪の捜査をしたときは、刑事訴訟法に特別の定めがある場合を除き、速やかに書類および証拠物とともに事件を検察官に送致しなければならない。これを「司法警察員からの事件送致」という。

前述のとおり、被害届が出された場合、捜査機関は所定の捜査を行わなければならず、原則として事件送致がなされるのである。

■（2）司法警察員からの事件送付

告訴、告発または自首に係る事件については、司法警察員は速やかに一応の捜査を終えた上、意見を付して書類および証拠物を検察官に送付しなければならない。これを「司法警察員からの事件送付」という。

4　事件処理

次に検察官は、事件を受理した場合、事件の被疑者や参考人などの関係者等の取り調べを行う。

その取り調べのなかで、被疑者や参考人の供述を引き出したり、押収された証拠などを検討し、事件の真相究明を行うのである。

③ 刑事裁判手続② 終局処分

1　終局処分

　終局処分とは、検察官が事件について必要な捜査を終え、被疑者について公訴を提起するかどうかを最終的に決める処分をいう。

　このうち、公訴を提起することを起訴という。一方、公訴を提起しないことを不起訴という。

(1) 起　訴

　起訴は、検察官が裁判所に対し、特定の刑事事件について審判を求める意思表示を内容とする訴訟行為をいう。

　刑事事件における起訴の権限を有しているのは、検察官だけである。刑事訴訟法247条は、「公訴は、検察官がこれを行う」と定める。これを起訴独占主義という。我が国は私人による起訴を許していないのである。

(2) 不起訴

　検察官が不起訴とした場合、その不起訴処分に不服のある告訴人、被害者、遺族等は、その処分の当否について、所管の検察審査会に審査の申立てをすることができる。検察審査会は、検察官がなした不起訴処分の当否についての審査を行う。

　この検察審査会は、検察官の公訴権に国民の意見を反映させることを目的として設置されたものである。従前は検察審査会が起訴相当の議決をした場合、検察官はその議決に拘束されるものではなかった。しかし、2004（平成16）年の改正により、検察審査会が起訴相当の議決をし、検察官が再捜査した後も不起訴にした場合、その後の審査会の起訴議決に法的拘束力が認められるようになった。

　検察審査会は、地方裁判所および主要な地方裁判所支部の所在地に置かれている。11人の検察審査員をもって構成され、衆議院議員の選挙権者の中からくじで選ばれた者で組織される。

　また上記改正により、検察審査会はその審査にあたり、弁護士のなかから審査補助員を委嘱して法的な助言を求められるようになり、実質的な審理ができるような制度になって

いる。

2　公判請求・略式命令請求

　医療事件の場合、この起訴には２つの種類がある。次に説明する①公判請求、②略式命令請求——である。

　公判請求とは、公開法廷による審理を求める起訴のことをいう。

　略式命令請求とは、公判を開かず、書面による審理によって刑を課す簡易な手続きをいう。

　上記公判請求は、被告人は公判期日への出頭が原則であるところ、略式命令請求において、一定金額以下の罰金刑に処せられることに異議のない被告人は、公判への出頭の負担が回避できるのである。

　検察官は、簡易裁判所の管轄に属する事件について、100万円以下の罰金または科料に処するのが相当と考えたときは、被疑者に異議がないことを確かめ、公訴提起と同時に略式命令を請求することができる（刑事訴訟法461条、461条の２、462条）。

　中小規模の医療機関のケアレスミスによって患者が死亡したことによって刑事上の責任が問われた場合、略式命令が請求される。その罰金の相場は、20〜50万円ぐらいである。

　近年は、医療事件への関心の高まりにより、公判請求が増えてきている。

4 刑事裁判手続③　公　判

1　公判手続とは

　公判手続とは、公訴提起から裁判が確定し、被告事件が裁判所の手元を離れるまでの手続きの全部をいう（**表6-2**）。公判手続は、審理と判決の宣告手続に分けられる。

　そして、公判期日とは、裁判所、当事者、その他の訴訟関係人が公判廷に集まり、訴訟行為をするために定められた期日のことをいう。

　民事裁判手続では、口頭弁論期日というが、刑事裁判手続では、公判期日というのである。

　被告人は、公判廷に出頭する権利と義務がある。したがって、被告人の出頭がなければ開廷することはできない（刑事訴訟法286条）。

表6-2　公判手続の流れ

> （1）公判手続──冒頭手続
> 　①人定質問
> 　②検察官の起訴状朗読
> 　③黙秘権等の告知
> 　④被告人、弁護人の陳述（認否）
> （2）公判手続──証拠調べ手続
> 　①検察官の冒頭陳述
> 　②検察官による犯罪事実に関する立証
> 　　・検察官の証拠調べ請求
> 　　・被告人または弁護人の意見、書証による同・不同意
> 　　・裁判所による証拠決定
> 　　・証拠調べの実施
> 　③被告人または弁護人による犯罪事実に関する立証
> 　　・上記検察官による手続と同様
> 　④被告人質問
> 　⑤情状に関する立証
> （3）公判手続──弁論手続
> 　①検察官による論告（求刑）
> 　②弁論
> 　③被告人の最終陳述
> 　④弁論終結
> 　⑤判決の宣告

2　公判手続——冒頭手続

■(1)人定質問

　冒頭手続の始めに、裁判長は、法廷に出頭した被告人が人違いでないかどうかを確かめる(刑事訴訟規則196条)。つまり、法廷に出頭した被告人が、起訴状に記載された被告人と同一人物かどうかを確認するのである。これを、人定質問という。

　具体的には、氏名、年齢、職業、住居、本籍を出頭した被告人に口頭で確認する。

■(2)検察官の起訴状朗読

　人定質問の次に、検察官が、起訴状を読み上げる。これを、起訴状の朗読という(刑事訴訟法291条1項)。

　これにより、検察官の起訴した事実が明らかになり、審理の対象が明確になる。また、起訴状が朗読されることにより、今後進行していく公判のなかで、被告人側としてはいかに防御していくかを判断することができる。

■(3)黙秘権等の告知

　裁判長は、検察官が起訴状の朗読を終えると被告人に対し、「①終始沈黙することも、質問に対し陳述を拒むこともできること。②陳述したい場合は陳述をすることもできるが、被告人にとって有利な証拠にもなるし、不利な証拠にもなる場合もあるので、注意する必要があること」を述べる(刑事訴訟法291条3項、刑事訴訟規則197条1項)。これらは黙秘権等の告知と呼ばれる。

　ここで、黙秘権について簡単に説明する。黙秘権を定めた条文としては、憲法38条1項と刑事訴訟311条1項がある。

　憲法38条1項は、「何人も、自己に不利益な供述を強要されない」と定める。これを受けて、刑事訴訟法311条1項は「被告人は、終始沈黙し、又は、個々の質問に対し、供述を拒むことができる」と規定する。

　刑事訴訟法311条1項は、被告人について黙秘権を定めるものであるが、被疑者についても黙秘権は認められていると解されている(刑事訴訟法198条2項参照)。

■(4)被告人、弁護人の陳述(認否)

　黙秘権等の告知が終わると、裁判長は被告人および弁護人に対し、当該事件についての陳述を求める(刑事訴訟法291条3項)。

3　公判手続──証拠調べ手続

冒頭手続が終わると、証拠調べ手続に入ることになる（刑事訴訟法292条）。

(1)検察官の冒頭陳述

検察官は、証拠によって証明すべき事実を明らかにする（刑事訴訟法296条本文）。これを冒頭陳述という。

検察官の冒頭陳述が終わった後、弁護人側も冒頭陳述をすることができる（刑事訴訟規則198条）

(2)検察官による犯罪事実に関する立証

検察官の冒頭陳述が終わると、検察官は証拠調べ請求を行う。そして、検察官の証拠調べ請求について、被告人または弁護人は意見を述べ、また書証（書面による証拠）の採用に同意するか否かを述べることになる。

かかる弁護人の意見等を聞き、裁判所は証拠を採用するか否かの決定（証拠決定）を行う。証拠が採用された場合、証拠調べが実施されることになる。この時点で、裁判所は証拠に触れることになる。これは予断排除の原則といわれ、採用されなかった証拠により裁判官に予断が生じるのを回避し、不公平な裁判を防止する。

(3)被告人または弁護人による犯罪事実に関する立証

被告人または弁護人による犯罪事実に関する立証は、前述した検察官によるそれと同様である。

(4)被告人質問

被告人は終始沈黙しても構わないし、質問について供述を拒むこともできる。もっとも、被告人が任意に供述する場合には、裁判長はいつでも必要とする事項について被告人の供述を求めることができる。これを被告人質問という。

4　公判手続──弁論手続

(1)検察官による論告（求刑）

検察官は、証拠調べが終わった後、事実及び法律の適用について意見を陳述しなければならない（刑事訴訟法293条1項）。すなわち検察官としては、起訴された事実や量刑の基礎となる事実について、どのような事実が証拠調べで取り調べられた証拠によって認めら

れるのかという意見と、その事実に対する法律の具体的な適用についての意見を述べるのである。これを検察官による論告という。

そして実務では、この論告に加え、被告人に科すべき具体的な刑の量定についての意見も述べられる。これが求刑といわれる。

■（2）弁論、被告人の最終陳述、弁論終結

検察官から論告、求刑がなされると、それに対し、被告人と弁護人も意見を述べることができる（刑事訴訟法293条2項）。

そして、弁論、被告人の最終陳述が終わると、弁論は終結され、残すところは、判決の宣告のみということになる。

■（3）判決の宣告

判決の宣告の方法としては、裁判長が公判廷で主文と理由を朗読し、または主文の朗読と理由の要旨を告げる方法によって行われる（刑事訴訟法342条、刑事訴訟規則35条）。

5　最後に

以上、刑事手続の概略を見てきたが、医療事件の場合、民事上の責任が問われることが多く、刑事上の責任が問われることは少ない。しかし、医療事件の社会的な影響の大きさ、近年マスコミ等で取り上げられることが増えてきた医療機関の管理上の責任に対する社会の注目によって、刑事責任への関心も高まっている。

民事裁判手続を理解することに加え、刑事裁判手続を理解することは、医療事故が発生した際のその後の対応に役立つものである。したがって、これを機に裁判手続の基礎的な理解を身に付け、医療の現場に生かしていただきたい。

確認問題

問題 **以下の選択肢のうち、誤っているのはどれか。**

〔選択肢〕

①医師の刑事責任を問う罪名は、通常は業務上過失致(死)傷罪であるが、検察官が医師を起訴するときは、被害者である患者(遺族)の告訴が必要である。

②医師の有罪判決が確定しても、ただちに医師の資格が喪失されるものではない。

③刑事裁判係属中に、民事上の示談が成立して示談書が証拠として提出されても、必ず執行猶予の判決が出るものではない。

④刑事責任にも時効という制度がある。

⑤福島県立大野病院事件で、被告人とされた産婦人科医師は無罪判決を受け、検事控訴もなく確定した。

解答　①

解説

①×：告訴がないと起訴することができない犯罪を親告罪という。守秘義務違反罪は親告罪である。業務上過失致(死)傷罪はそうではない。たとえ、医師が被告人とされる場合であっても例外ではない。

②○：医師の免許取消・停止などの行政処分は、医道審議会を経て厚生労働大臣の権限である。しかし有罪判決を受けたときは、医師免許の取消事由となる(医師法4条、7条)。

③○：示談の成立は被告人に有利な情状となるが、執行猶予になるかどうかは裁判官の判断であるからわからない。

④○：刑事上の時効には、刑の時効(刑法32条)と、公訴時効(刑事訴訟法250条)がある。

⑤○：医療関係者に大きなショックを与えた福島県立大野病院産科医逮捕事件であるが、逮捕・起訴された医師に無罪判決が出された。以来、医療過誤事件について警察は抑制的であるべきとする意見が定着した。

医療の安全に関する参考文献

桜井靖久 外・著『医療の未来像とリスクマネジメント』シーエムシー出版、1994年

ウェンディ・リーボフ 外・著『医療の質とサービス革命――「患者満足」への挑戦』日本医療企画、1997年

川上治子・編『事例から学ぶ医療事故防止』日本評論社、2000年

日本公定書協会・編『医療事故の防止に向けて―医薬品・医療用具からのアプローチ』エルゼビア・ジャパン、2000年

M.ドナルドソン、米国医療の質委員会、医学研究所・(編)著『人は誰でも間違える』日本評論社、2000年

松田紘一郎・著『病医院・福祉施設の医療・介護事故防止ISO9001による対応Q＆A100(NEW・JMPシリーズ70)』日本医療企画、2001年

「医療安全対策検討会議　報告書、議事録」厚生労働省、2002年

浅井　賢・著『医療事故防止のリスクマネジメント100(NEW・JMPシリーズ23)』日本医療企画、2002年

新木一弘 外・著「シンポジウム／医療事故と防止システム(『年報医事法学18号』)」日本評論社、2002年

藤井清孝 外・著『いまから学ぶリスクマネジメントの基礎と実例』エルゼビア・ジャパン、2002年

米国医療の質委員会、医学研究所・著『医療の質―谷間を越えて21世紀システムへ』日本評論社、2002年

小松秀樹・著『慈恵医大青戸病院事件―医療の構造と実践的倫理―』日本経済評論社、2004年

村井隆三・著『行動目標達成のための「安全管理」ポイント60(NEW・JMPシリーズ卒後臨床研修対応サポートテキスト1)』日本医療企画、2004年

平山牧彦・著「知っておくべき新しい診療理念(『日本医師会雑誌　第126巻・第10号』)」日本医師会、2005年

「書面審査表」「自己評価調査票」(財)日本医療評価機構 2005年度版

城山英明 外・著「事故調査と安全確保のための法システム(『ジュリスト1307号』)」有斐閣、2006年

ロバート・B・レフラー・著「医療安全と法の日米比較(『ジュリスト1323号』)」有斐閣、2006年

小林秀樹・著『医療崩壊―「立ち去り型サボタージュとは何か」』朝日新聞社、2006年

長谷川敏彦・編『医療安全管理事典』朝倉書店、2006年

飯塚悦功 外・著『医療の質・マネジメントシステム』日本規格協会、2006年

OECD経済協力開発機構『医療の質 国際指標―OECD医療の質指標プロジェクト報告書』明石書店2006年

東京厚生年金病院院長 谷島・編著「医療管理者として医療紛争といかに向き合うべきか(『医療判例解説10号』)」医事法令社、2007年

「医療従事者のための医療安全対策マニュアル」日本医師会、2007年

西岡　清 外・著「特集 医療安全『日本医師会雑誌第135巻・第12号』」日本医師会、2007年

「診療所を取り巻くリスクと対策」埼玉県医師会、2008年

前村　聡、上原鳴夫、和田仁孝 外・著「医療事故と安全対策(『医療白書2008』)」日本医療企画、2008年

順天堂大学教授 小林弘幸・著「医療安全管理に関する現状認識(『医療判例解説21号』)」医事法令社、2009年

唄　孝一、成田頼明・編『医事法判例百選(別冊ジュリスト50)』有斐閣、1976年

唄　孝一、宇都木　伸、平林勝政・編『医療過誤判例百選(別冊ジュリスト102)』有斐閣、1989年

唄　孝一、宇都木　伸、平林勝政・著『医療過誤判例百選第2版(別冊ジュリスト140)』有斐閣、1996年

宇都木　伸、町野　朔、平林勝政、甲斐克則・編『医事法判例百選　別冊ジュリスト183』有斐閣、2006年

情報の安全に関する参考文献

開原成允、樋口範雄・編『医療の個人情報保護とセキュリティ』有斐閣、2003年

早川眞一郎 外・著「ミニシンポジウム／医療情報とプライバシー(『年報医事法学第18号』)」日本医事法学会、2003年

三藤邦彦・著『守秘義務　医事法制と医療事故』信山社、2003年

増成直美・著『診療情報の法的保護の研究』成文堂、2004年

森田　明 外・著『医療・介護分野の個人情報保護Q&A』青林書院、2005年

訴訟手続に関する参考文献

稲垣　喬・著『医療過誤訴訟の理論』日本評論社、1985年

根元　久・編『裁判実務体系17「医療過誤訴訟法」』青林書院、1990年

医療過誤訴訟実務研究会代表 秋山昭八、須田　清・編著『医療過誤と訴訟』三協法規、2005年

裁判所書記官研修所・監修『刑事訴訟講義案(再訂版)』司法協会、2003年

加藤良夫・編著『実務法律講義12 実務医事法講義』民事法研究会、2005年

小山　稔、西口　元・編集代表『医療訴訟体系1 医療訴訟』青林書院、2007年

伊藤文夫、押田茂實・編集『医療事故紛争の予防・対応の実務――リスク管理から補償システムまで――』新日本法規出版、2005年

須田　清、寒河江考允・監修・著『強い病医院をつくる医療法務のすべて――個人情報保護法から医療特許まで――』日本医療企画、2006年

中山研一・著『新版 口述刑法総論(補訂版)』成文堂、2005年

渡辺咲子・著『刑事訴訟法講義第5版』不磨書房、2008年

甲斐克則・著『ブリッジブック「医事法」』信山社、2008年

西内　岳、許　功、棚瀬慎治・共編『Q＆A 病院・医師・歯科医院の法律実務』
　　新日本法規出版、2008年

東京弁護士会弁護士研修センター運営委員会・編集『弁護士専門研修講座 医療過誤訴訟の専門知識とノウハウ』ぎょうせい、2008年

西田典之・著『刑法各論 第4版補訂版(法律学講座双書)』弘文堂、2007年

池田　修、前田雅英・著『刑事訴訟法講義 第3版』東京大学出版会、2009年

索　引

著者紹介

須田　清（すだ・きよし）

大東文化大学法科大学院教授、埼玉県医師会法律顧問、埼玉学園大学理事、NPO法人市民生活安全保障研究会代表理事。

1967年、日本大学卒業。1970年、東京弁護士会登録。1972年、須田法律事務所開設。1996年度東京弁護士会副会長。2000年度関東弁護士会連合会副理事長。

著書に『医療調査官制度についての一考察──医療過誤訴訟事件の対応策として』（法学書院）、『医療過誤と訴訟──その実態と対策Q＆A』（共著・三協法規出版）、『実務医事法講義』（共著・民事法研究会）、『医療法務のすべて』（共著・日本医療企画）、『性同一性障害者と特別立法前の司法の対応』（「21世紀の家族と法」小野幸二教授古希記念論集・法学書院）、『プロの交渉術』（ソーテック社）など。

NOTE

NOTE

NOTE

NOTE

医療経営士●中級【一般講座】テキスト10［第2版］

医療法務／医療の安全管理——訴訟になる前に知っておくべきこと

2020年7月27日　第2版第1刷発行

著　　　者　須田　清
発　行　人　林　諄
発　行　所　株式会社 日本医療企画
　　　　　　〒104-0032　東京都中央区八丁堀3 -20- 5　S-GATE八丁堀
　　　　　　TEL 03-3553-2861（代）　　http://www.jmp.co.jp
　　　　　　「医療経営士」専用ページ　http://www.jmp.co.jp/mm/
印　刷　所　図書印刷 株式会社

『医療経営士テキストシリーズ』全40巻

※タイトル等は一部予告なく変更する可能性がございます。